나는 1년 안에 무조건 합격한다

나는 1년 안에

무조건
합격한다

25살에 사법시험을 패스한
박영주 변호사의

D-365 시기별 공부법과
멘탈 관리 노하우

박영주 지음

더 퀘스트

내면의 한계를 깨고
꿈을 이뤄주는
강한 멘탈의 힘

••

'솔직히 박영주 변호사는 똑똑해서 25세에 사법시험에 붙은 것 아 닌가요?'

나는 스물다섯 살에 사법시험에 합격했고 현재는 변호사로 활동 하고 있다. 그리고 개인적으로 유튜브도 운영하고 있는데, 종종 위 와 같은 내용의 댓글이 달리곤 한다. 처음 이 댓글을 봤을 때 굉장히 놀랐다. 사법시험에 합격하기 전까지 아무도 내게 똑똑하다고 말해 준 적이 없었고 나 자신도 그렇게 생각해본 적이 없기 때문이다.

나는 강원도에서 학창 시절을 보냈다. 초등학교와 중학교는 강원 도 고성군이라는 작은 동네에 있었는데, 심지어 영어 알파벳은 중학 교에 들어가서 처음으로 배웠다. 고등학교 때도 나는 노력파 학생 그 이상도 이하도 아니었다. 수학능력시험을 보고 부산대학교 법과

대학에 입학했을 때도 그저 성적에 맞춰 입학한 학생 중 한 명이었을 뿐 똑똑하다거나 특별함과는 거리가 멀었다. 나도 그런 나의 모습과 현실을 너무나 잘 알고 있었다. 그렇게 나는 '현실적인 사람'이 되어갔다.

당시 우리 학교에는 서울대학교와 교환학생을 신청하는 제도가 있었다. 보통 외국으로 교환학생을 가는데 이 제도는 부산에서 서울로 가는 것이었다. 나는 새로운 경험을 하는 동시에 본격적으로 사법시험 2차를 준비할 수 있는 좋은 기회라 생각해서 교환학생 제도를 신청했고, 신림동으로 거처를 옮겼다. 드디어 서울대학교 법과대학에서 첫 수업을 받은 날, 상당한 충격을 받았다. 교수님은 법학과 수업을 듣는 학생들에게 정치인, 대법관, 글로벌 CEO 등 다양한 직업에 얼마든지 도전할 수 있으니 여러 문을 두드려보라고 했다. 그리고 강의실에 있던 학생들은 마치 당연한 소리라는 듯 듣고 있었다. 하지만 나는 소름이 돋았다. '나는 무엇을 꿈꾸고 있었을까?'라는 생각이 마음으로, 머리로, 몸으로 퍼져나갔다.

그동안 내 한계를 정해두고 내가 발을 디딜 수 있는 최대 폭이라고 해봤자 운이 좋으면 고시 합격 정도라고 생각했다. 공부를 하면서도 '나 같은 게 어떻게 사법시험에 붙겠어'라며 은연중에 나를 믿지 못하기도 했다.

그렇지만 서울대 학생들은 그렇지 않았다. 나는 공부를 시작하는 첫 단계가 나에 대한 불신을 극복하는 것이고 최종 목적지가 사법시험 합격이었다면, 그들은 사법시험 합격이 시작점이고 합격 이후 어떤 행보를 할 것인지에 대한 고민이 목적지였다. 서울대생들에게는 이미 자신에 대한 믿음과 굳은 의지가 충만했기에 첫 시작점부터가 달랐다.

바로 이 차이가 사람의 현재와 미래를 결정하는 것이다. 세상은 넓고 마음만 먹으면 뭐든 할 수 있다고 일말의 의심도 없이 미래를 바라보는 시각과, 처음부터 내가 겨우 내디딜 수 있을 정도만 바라보는 시각 말이다. 그때부터 나를 낮게 평가하고, 한계를 짓는 바보 같은 짓은 하지 말자고 결심했다.

꿈을 꾸고 의지를 갖는 데는 한계가 없다. 그리고 자신을 어떻게 바라보느냐에 따라 꿈의 크기도 달라진다. 미국에는 한 번도 가보지 못했지만 마음만 먹으면 글로벌 기업에서 일할 수도 있는 것 아닌가? 작은 꿈을 꾸는 사람은 꿈의 100퍼센트를 달성해도 작은 꿈을 이룰 뿐이지만, 큰 꿈을 꾸는 사람은 목표를 달성하지 못한다고 해도 꿈을 이루는 과정에서 작은 성취를 얼마든지 이룰 수 있다.

결국 스스로 할 수 없으리라 생각했던 내면의 장벽을 하나씩 깨나가면서 그릇을 크게 넓혀가는 과정이 필요하다. 그 과정에서 꼭 필요한 것이 '멘탈 관리'다. 나를 가로막는 한계를 깨부수는 데는 엄청난 에너지가 들어가기 때문이다. 그 길을 가며 포기하고 싶고 주저앉고 싶을 때가 한두 번이 아니다. 우리가 하는 많은 일이 지식과 경험이 부족해 안 되기도 하지만 멘탈이 흔들려서 잘 안 되는 경우도 부지기수다. 특히 공부는 자신과의 싸움이라서 매분 매초 강한 의지와 마음이 필요한 영역이다. 끝까지 노력해 원하는 것을 얻고자 하는 사람이라면 멘탈을 강하게 붙잡고 있어야 한다.

이 책에 중점으로 담고자 했던 것도 바로 이 멘탈 관리법이다. 공부하며 조바심이 들 때마다 의지를 붙잡아준 생각과 방법들, 인생의 방향을 결정하던 순간에 다짐했던 결심 등을 지금 비슷한 상황에 놓인 사람들과 나누고 싶었다. 그런 만큼 내 경험과 비법을 아낌없이 공개했다. 촘촘하게 설계하는 공부 계획은 물론이고 성적을 높이는 공부법, 나약한 멘탈 관리법, 의지를 다지는 법, 시험의 마지막 순간에도 침착함을 유지하는 법까지 가장 빠르게 합격하는 모든 노하우를 공개했다고 해도 과언이 아니다.

특히 이 책에는 시험일까지 D-365를 설정하여 시기별로 꼭 알아야 할 공부법과 멘탈 관리법을 정리해놓았다. 그러니 그때그때 자신에게 필요한 것들을 보고 따라 하면 된다. 파트 1에는 공부의 스타트 지점에서 수험생들에게 필요한 내용을 담았다. 공부하기로 마음먹은 순간부터 의지를 세우는 법, 동기부여하는 법 그리고 공부 습관을 형성하는 방법이다. 이에 더해 초반에 철저하게 공부 계획을 설계하는 방법, 내게 맞는 공부 시간 찾는 법, 기본서 정리 노하우,

강의 듣는 꿀팁까지 세세하게 담았다.

파트 2는 공부를 시작하고 나서 3분의 1 지점 정도 되는 순간에 필요한 내용을 썼다. 이 시기는 서서히 의지가 약해지는 시점인데, 이를 잘 넘길 수 있도록 회독 공부법, 스트레스를 관리하는 법, 슬럼프(Slump) 유형을 파악하고 대처·해결하는 법 등을 소개한다.

파트 3은 공부 시작 후 중반 지점을 넘어선 시기다. 슬슬 성적도 지지부진하고 멘탈도 마구 흔들리는 그야말로 '극한의 시기'다. 여기서는 공부를 끝까지 할 수 있게 해주는 최후의 암기 방법, 기출문제 영리하게 푸는 법, 번아웃을 이겨내는 법, '시험 100일의 법칙'을 깨는 법, 불안을 해소하고 자기신뢰를 쌓는 법 등을 통해 꺾이지 않는 멘탈을 갖도록 도와줄 것이다.

마지막으로 파트 4는 시험을 눈앞에 둔 순간에 끝까지 공부하는 법, 시험 당일에도 당황하지 않고 제 실력을 발휘할 수 있는 멘탈 관리법을 소개한다.

열심히 공부하지만 의지가 약해 수시로 불안함이 드는 수험생, 시기별 공부법을 몰라 고생하는 고시생, 꿈을 이루기 위한 동기부여와 독한 의지가 필요한 모든 사람에게 이 책은 지치지 않고 목표까지 완주하게 도와주는 든든한 페이스메이커가 되어줄 것이다.

공시, 행시, 임용, 수능 등 내 꿈을 이루는 데 들어가는 시간과 공부법을 구체적으로 따져보면 크게 다르지 않다. 그런데 무엇이 문제일까? 문제는 나 자신의 마음, 의지, 정신력이다. 그 생각들을 바꿀 수 있는 건 나 자신뿐이다. 스스로 한계를 무너뜨리고 벽 너머의 가능성을 보라. 그동안 자신을 의심하고 낮춰 봤다면 이제는 정말로 당신이 원하는 목적지로 가는 길목에 당당하게 서길 바란다.

차 례

Prologue 내면의 한계를 깨고 꿈을 이뤄주는 강한 멘탈의 힘   004

Part 01   공부의 신호탄이 울릴 때
: 출발선

Chapter 01 공부 의지를 세우고 동기부여하는 법

5년 뒤, 당신은 어디에 서 있을 것인가   017

지금 내가 공부를 시작한 이유   023

의지를 다잡는 가장 쉬운 방법, 자기긍정   031

공부 습관, 첫 단추가 중요하다   040

시작했다면 1년 안에 합격하라   046

Chapter 02 합격자의 초반 공부 계획법

목표와 우선순위를 분명하게 하라   051

합격을 부르는 공부 계획   057

철저하게 기록하며 공부하라 067

공부에 강한 시간, 약한 시간 071

최적의 공부 루틴을 찾아라 079

스터디를 효율적으로 활용하는 법 090

강의가 공부의 중심이 되지 않도록 096

기본서 딱 한 권으로 공부하기 102

공부 효율을 극대화하는 회독 공부법 113

완벽한 공부보다는 똑똑한 공부를 하라 117

집중력을 끌어올리는 300시간 공부법 122

Part 02 나만의 속도를 찾아라
: 3분의 1 지점

Chapter 03 공부 루틴이 결과를 좌우한다

처음에는 훑는다는 느낌으로 공부하라 133

지나간 공부는 일단 잊어라 139

착각을 깨부수는 자기객관화 143

수험생의 스트레스 관리법 147

머릿속에 빠르게 정리하는 3회독 공부법 152

기본서를 더욱 일목요연하게 만드는 더하기와 빼기 156

Chapter 04 누구나 흔들리는 시기, 멘탈을 바로잡아라

재능이 없다고 좌절하지 마라   161

나의 슬럼프 유형을 파악하라   165

최선을 다해 독하게 공부하라   176

주변의 시선을 견디는 법   181

Part 03 극한의 순간을 넘는 법
: 중간 지점

Chapter 05 무조건 합격하는 공부법

기본서의 양을 줄여나가라   189

머릿속이 꽉 찼을 때, 최후의 암기법   192

끝까지 가져가야 할 목차 공부법   202

기출문제 패턴 파악하기   206

Chapter 06 독한 멘탈이 한계를 넘어서게 한다

마지막 허들, 번아웃을 이겨내는 법   215

고통을 계량화하라   222

나만의 불안 해소제를 찾아라   227

더 이기적으로 공부해도 괜찮다   232

때론 나를 열악한 환경에 던져라 　　　　　　237

자기신뢰를 만드는 방법 　　　　　　　　　243

핑계는 그만, 지금 바로 시작하라 　　　　　　246

인생은 우상향으로 올라간다 　　　　　　　250

100일의 법칙을 경계하라 　　　　　　　　253

Part 04 결승선에 다다랐을 때
: 골인 지점

Chapter 07 합격하는 사람은 한 끗이 다르다

시험 당일 루틴을 미리 연습하라 　　　　　　259

D-30의 생활 패턴 　　　　　　　　　　　266

사소한 포기도 포기다 　　　　　　　　　　271

시험 당일의 마음가짐 　　　　　　　　　　275

마지막 1분까지 최선을 다하라 　　　　　　　281

Epilogue 시험이라는 '피, 땀, 눈물' 　　　　　　286

공부 의지를 자극하는 문장들 　　　　　　　288

사법시험 1년 스케줄 예시 　　　　　　　　290

Part 01

공부의
신호탄이 울릴 때

: 출발선

파트 1에서는 시험공부를 하기로 마음먹은 순간부터 공부 계획을 세우기까지, 즉 공부를 시작한 초반에 유념해야 할 것들을 담았다. 예를 들어 시험공부 기간을 1년으로 계획했다면 D-365부터 D-300까지의 기간이라고 할 수 있다. 여기서는 동기부여를 어떻게 할 것인지, 공부에의 의지를 어떻게 불태울 것인지 이야기하면서 첫 한 걸음의 중요성을 강조할 것이다. 또한 초반의 공부 계획은 어떻게 세워야 할지, 공부 루틴은 어떻게 만드는지도 함께 담았다.

Chapter
01

공부 의지를 세우고
동기부여하는 법

5년 뒤,
당신은 어디에
서 있을 것인가

스스로의
한계를 벗어던져라

        힘들었던 고등학고 3학년, 수험생 시기를 끝내고 나는 부산대학교 법과대학에 입학했다. 새내기가 되어 전공과목과 교양과목 수업 등을 들으며 정신없던 1학기를 막 마쳤을 때였다. 문득 이런 생각이 머릿속에 떠올랐다.

  '이제 내게 어떤 삶을 살라고 강요하는 사람은 없구나.'

  후련함과 동시에 막막함을 느꼈다. 불과 1년 전만 해도 어떻게든 대학에 가야 한다며 앞만 보고 달렸다. 수능을 보고 좋은 대학에 가야 하는, 모든 고3의 목표를 향해 그저 나아갈 뿐이었다. 하지만 커다란 산과도 같았던 입시의 관문은 대학 입학과 함께 사라졌다.

막상 대학생이 되고 보니 망망대해에 홀로 서 있는 기분이 들었다. 누구도 내게 정답을 말해주지 않았다. 처음 맞닥뜨린 20대의 삶은 무궁한 가능성과 함께 바닥이 보이지 않는 절벽과도 같은 위태로움이 공존하는 것이었다. 아직 젊기에 무엇이든 할 수 있지만, 아무것도 하지 않을 수도 있었다.

누군가 길을 정해줬던 청소년 시기를 지난 그때, 앞으로의 인생길은 내가 정해야 한다는 것을 깨달았다. 나는 일단 '공부로 성공하자'라고 생각했고, 목표는 바로 공무원시험과 사법시험이었다.

그런데 한 가지 문제가 있었다. 바로 나의 현재 시간을 얼마나 투자할지였다. 특히 주변 지인 중에 사법시험 공부를 하거나 합격한 사람이 없어서 더욱 막연한 꿈처럼 느껴졌다. 공무원시험에 합격한 사람은 있었기에 이것저것 물어봤는데, 7급 공무원시험만 해도 공부량이 어마어마했고 적어도 5년은 해야 합격할 수 있을 것 같았다. 하물며 사법시험은 몇 배는 더 많은 공부를 해야 하는 시험이다. 당시 생각에는 기본적으로 10년은 잡아야 사법시험 합격의 문에 이를 수 있을 것 같았다. 생각보다 더 많은 시간을 투자해야 하기에 덜컥 겁이 났다. 그리고 10년을 공부하는 사법시험이 내게는 너무 멀게 느껴지고 오르지 못할 거대한 벽으로 보였다.

도저히 답이 나오지 않아서 당시 법대 선배에게 고민을 털어놓았다. 하지만 돌아온 답은 충격적이었다.

"선배, 5년 잡고 공무원시험 준비하는 것과 10년 잡고 사법시험 준비하는 것 중에 뭐가 더 나을까요?"

"왜 사법시험을 10년 공부하겠다고 생각해? 공무원시험 준비하지 말고 사법시험 준비를 해. 사법시험도 열심히만 하면 5년 공부하고 합격할 수 있어."

그렇다. 나는 공부와 합격에 10년이라는 시간의 장벽을 나도 모르게 설정하고 있었다. 다시 사법시험에 합격한 사람들의 후기를 찾아봤다. 정말 빠르게 붙는 사람들은 2~3년 정도 공부하고 합격선을 넘었다. 그러니 5년 안에 시험에 합격하겠다는 목표를 세우는 것이 그렇게 허무맹랑한 꿈만은 아니었다. 게다가 '인서울' 대학교 출신이 아니어도 사법시험에 상위 성적으로 붙은 사례도 봤다.

'다른 사람도 하는데 나는 왜 못 해?'

여러 합격 수기를 보니 저절로 이런 생각이 들었다. 합격 수기를 보는 게 어찌 보면 시간 낭비라고 생각할 수도 있지만 내게는 큰 자극을 주는 고마운 것이었다. 마치 운동을 시작했을 때 롤모델의 멋진 보디프로필을 보면서 계속 자극을 받는 것과 같다. 이처럼 다른 사람들의 합격 수기나 공부와 관련된 짧은 영상은 동기부여나 자극을 줄 수 있는 하나의 도구가 될 수 있다.

그렇게 선배의 말 한마디와 수기를 발판 삼아 나는 거대한 벽을 뛰어올랐고, '5년 안에 사법시험 합격'이라는 목표를 세웠다. 이룰 수 없다고 여겼던 일을 새로운 목표로 설정하게 된 것이다. 동시에 스스로 한계를 세우고 꿈을 작게 가지려고 했던 것 같아 내게 미안했던 날이었다. 혹시 마음에 한계를 세우고 그 안에 갇혀있진 않은가? 나는 당시 5년 안에 합격이라는 목표를 세웠지만, 지금 와서 보니 '1년 안에 합격'이라는 목표를 세웠어도 가능했을 거라고 생각한다. 한번 마음의 장벽을 뛰어넘었다면 5년이든 1년이든 그 앞에 세워진 또다른 마음의 벽은 거뜬히 깰 수 있기 때문이다. 여러분도 어떤 꿈을 꾸고 목표를 세우든 내가 '이정도 할 수 있겠다'라는 생각에서 항상 더 나아가보길 바란다.

5년 뒤,
내 모습을 그려라

당신은 어떤가? 우리는 습관적으로 한계를 설정한다. 어찌 보면 당연하다. 내가 몸담고 있는 단체, 커뮤니티, 회사에서는 경험하고 보는 게 한정되어 있기 때문이다. 그렇지만 주변인들이 내 삶, 나의 세계에 전부는 아니다. 다른 삶을 원한다면 적극적으로 여러 분야를 찾아보고 과감하게 생각을 바꾸고 뛰어들 수 있어야 한다. 현재의 삶과 사람들에게 보폭을 맞춰 걷다가는 절대로 내가 바라는 삶, 한층 더 나은 인생을 살 수 없다. 지금까지 살아온 삶과 별반 다를 바 없는 정도의 수준으로 나의 한계를 정하고 미래를 그려선 안 된다.

솔직히 말하자면 선배의 조언을 듣고 사법시험에 도전하기로 했을 때 자신은 없었다. '대한민국에서 제일 어려운 시험이라는데 내가 노력한다고 해서 붙을 수 있을까?' 눈앞이 캄캄하고 두려웠다. 주변에서 상대적으로 공부 분량이 적은 공무원시험을 준비하는 사람들도 자신 없어 하고 붙을지 걱정이라는데, 사법시험을 공부한다는 게 현실성이 있는 걸까 싶었다. 또 CPA나 행정고시 같은 선택지도 있었기 때문에 마음의 장벽은 쉽사리 무너지지 않았다.

그렇게 장벽을 실감할 때마다 5년 뒤 나의 모습을 상상했다. 과연 어떤 모습의 내가 가장 가슴이 뛰는지 생각했다. 사법시험에 합격해서 합격자 명단에 내 이름이 올라가 있는 것을 상상했을 때, 변호사가 되어 법원의 재판 현장에 서 있는 나를 그렸을 때 가장 가슴이 두근거리고 내가 참 멋지게 느껴졌다.

그런 상상과 기분이 마음의 장벽을 깨부수는 가상의 망치 역할을 했다. 미래의 내 모습에 설렘과 기대로 가슴이 두근거릴 수 있다면 어떤 상상이든 좋다. 결국 꿈을 이루고 싶다는 강한 열망이 모여 의지를 만들어내기 때문이다. 그리고 그 의지들은 나를 책상 앞으로

'5년 후 내 모습은?' 예시

사법시험 합격자 명단에 올라간 내 이름	변호사가 되어서 재판을 하는 나의 모습	완벽히 승소하는 '박영주 변호사' 타이틀

데려가는 동력이 되어준다.

　이처럼 5년 뒤 나를 상상해보는 것은 생각보다 큰 힘이 있다. 다음 빈칸에 5년 뒤 멋진 모습으로 살고 있을 자신의 미래상을 적어보자. 당신의 5년 후 모습은 어떤가? 어떤 모습을 그렸을 때 가슴이 뛰고 자신이 멋지다는 생각이 드는가?

5년 후 내 모습은?

지금 내가
공부를 시작한
이유

요즘은 학생들만 공부하는 게 아니다. 도서관과 스터디카페에 가보면 30~40대 직장인으로 보이는 사람들이 고3 못지않은 학구열을 불태우며 공부에 열중하는 모습을 볼 수 있다. 이들은 왜 학교를 졸업하고서도 또다시 공부에 자신을 내던지는 걸까? 대부분은 다른 직무로 옮겨 가기 위해 또는 빠른 은퇴를 대비해 제2의 직업을 갖기 위해 공부한다. 아니면 자기계발을 하고 싶어서, 어떤 분야에 흥미를 느껴서 공부하는 사람들도 있다.

'평생 학습'이란 말이 그 어느 때보다 친숙하게 들리는 시대다. 아무래도 우리는 학교를 졸업해도, 직장을 다니고 은퇴를 해도 공부라는 끈을 놓기는 어려울 것 같다. 그렇게 평생 공부해서 무엇을 얻을 수 있을까?

적어도 실패하지 않는
인생을 위하여

'성공'의 사전적 정의는 '목표한 바를 이룬다'이다. 그렇다면 성공한 삶을 산다는 것은 목표한 것을 모두 이루는 삶을 말한다고도 하겠다. 당신은 무엇을 이루고 싶은가? 무엇을 이루면 성공한 삶을 살았노라고 말할 수 있을 것 같은가? 각자의 가치관에 따라 다르겠지만 누군가에겐 돈을 많이 벌고 좋은 차를 타는 것이 성공의 지표일 수 있다. 또 누군가에겐 모든 사람에게 존경을 받는 삶이 성공의 지표일 수 있다.

우리 부모님 시절에는 사법시험에 붙는다는 것이 곧 성공의 지표였다. 변호사가 되기만 해도 알아서 의뢰인들이 찾아왔고, 당시의 수임료는 현재 수임료와 크게 차이 나지 않았다. 그래서 많은 이가 고시 공부에 매달렸다. 사법시험에 합격한다는 것은 인생에 탄탄대로가 펼쳐지는 걸 의미했다.

하지만 지금도 그럴까? 현실적인 답은 '그렇지 않다'이다. 공부를 잘해서 서울대학교에 입학한 사람 그리고 사법시험에 합격한 사람 모두가 탄탄대로를 걷지는 않는다. 내 주변만 보더라도 법조인으로 살면서 모두가 억대 연봉을 받는다거나 화려한 삶을 사는 것은 아니다. 좋은 대학에 들어간 사람 모두가 고연봉 직장에 취직하는 것은 아니며, 공무원시험에 합격했어도 연금 등이 깎여 안정된 노후를 보장받지 못하는 사람도 있다.

그렇지만 공부를 해서 무언가를 습득한다는 건 적어도 인생에서 안전장치 하나가 생긴다는 것이다. 즉 그 경험이 나의 생존력을 높이고 든든한 버팀목이 된다는 의미다.

TV 프로그램 〈유 퀴즈 온 더 블럭〉에 출현했던 송지헌 경정은 은행원, 승무원, 변호사, 경찰까지 무려 네 개의 직업을 가지고 있었다. 그는 변호사와 경찰이 되기 위해 두 번의 시험을 쳤을 것이며, 은행원과 승무원이 되기 위해 어렵게 취업 준비를 했을 것이다. 남들이 한 번도 취득하기 힘들다는 직업을 어떻게 그는 네 개나 가질 수 있었을까?

한 가지 목표에서 성취를 이룬 사람들은 또 다른 목표를 이루는 방법, 즉 취업에 성공하거나 시험에 합격하는 방법이 무엇인지 알게 된다. '맛있는 음식도 먹어본 사람이 안다'는 속담처럼 어떤 마음가짐과 어느 정도의 집중력으로, 어느 정도의 시간 안에 성과를 내야 목표를 달성할 수 있는지 알기 때문에 다른 분야의 목표도 쉽게 달성할 수 있다. 결국 이 세상을 살기 위한 생존력이 높아진다는 뜻이다. 생존력이 높은 사람은 시험 합격률이나 취업에 성공할(살아 남을) 확률이 다른 사람들보다 더 높을 수밖에 없다.

사법시험이 폐지되기 이전을 생각해보자. 사법시험에 합격하는 것만도 대단한데, 사법시험에 붙고 외무고시, 행정고시까지 붙는 사람들이 꽤 있었다. '시험공부의 신'이라 불렸던 고승덕 변호사도 그랬다. 가난한 가정에서 자란 그는 성공하기 위해선 공부밖에 없다고 생각했다. 고등학교 2학년 때부터 본격적으로 공부하기 시작해서 서울대학교 법대에 입학했다. 게다가 하나 합격하기도 힘들다는 3시(외무고시, 행정고시, 사법고시)에 모두 합격해 세상을 놀라게 했다. 사시는 대학 재학 중 최연소로 합격했고 외시는 차석, 행시는 수석 합격을 했다. 그 같은 천재는 흔하지 않다. 그렇지만 시험 하나에 합격하고 잇달아 여러 시험에 합격하는 사람들이 종종 보인다.

한 번 합격을 맛본 사람들은 단 한 번도 합격해보지 않은 사람들보다 동기부여가 더 잘될 수밖에 없다. 특히 합격한 사람들의 모임이나 커뮤니티에 들어가 본 사람들은 인맥의 힘과 정보력이 얼마나 중요한지 알기 때문에, 다른 분야의 시험에도 도전해서 그 안으로 들어가려고 애쓴다.

시험에 합격하고 직업을 가지게 되었을 때 막상 현실은 생각했던 것과 달라서 직업 전환을 할 수도 있다. 내 주변에도 변호사가 적성에 맞지 않아 관두는 사람들이 많다. 어떤 뉴스에서도 나왔듯 '변호사 출신 스타트업 대표'도 있고, 합격한 후 학원에서 강사로 일하기도 한다. 그들이 하는 일은 변호사라는 직업과 전혀 상관없는 일이다. 그렇지만 그들에게 시험을 본 것이 지금 하는 일에 도움이 되느냐고 물어보면 100퍼센트 도움이 된다고 답한다.

사법시험이나 변호사 시험뿐만이 아니다. 어떤 시험에 도전해 합격했다는 것은 나중에 해당 직업이 적성에 맞지 않아 다른 분야로 옮겨 간다고 했을 때 나의 성실함과 지적 능력에 대한 증명서가 되어준다. 나를 믿고 기대하는 사람들이 생기는 것이다. 따라서 선택할 수 있는 직업의 폭이 넓어지고 보다 안정적인 삶을 살 수 있는 든든한 버팀목을 갖게 된다.

성공의 경험은
습관이 된다

CEO나 유튜브 크리에이터로 성공한 사람들을 보다 보면 공부로 전교 1등을 하기보다는 유튜버가 되거나 창업을 하는 것이 훨씬 화려해 보이고 돈도 잘 벌 것 같다는 생각이 든다. 하지만 그 유튜버나 사업가 역시 수많은 콘텐츠와 아이템을 분석하고 공부하고 실패를 반복한 것이다. 공부의 종류가 다를 뿐 누구보다 치열하게 공부하고 매달리지 않으면 절대 성공할 수 없다. 그들은 그 분야에서 말 그대로 미친듯이 공부했기 때문에 성공한 것이다.

당장에 큰 성공은 못 하더라도 공부하는 습관을 몸에 익히면 살아가면서 엄청난 경쟁력이 된다. 어느 한 가지에 깊이 몰입하면서 자신이 집중이 잘 되는 환경, 습관, 시간 등을 파악한 사람은 다른 분야에서도 똑같은 집중력을 낼 수 있기 때문이다. 그 집중력은 회사에서 일하거나 다른 업무를 하면서도 나타나기에 이를 밑거름 삼아 뛰어난 성과를 낼 확률이 높다.

또한 공부하며 자신의 한계를 넘어본 사람은 그 장벽을 뛰어넘었을 때 인생이 확 바뀌는 경험을 하게 된다. 관문을 통과하고 난 이후에 펼쳐지는 또 다른 세상이 있기 때문이다. 어떤 공인된 자격을 얻었을 때 만나게 되는 사람, 환경, 나를 대하는 주변의 대우, 얻게 되는 정보의 질이 달라진다. 이 혜택을 맛본 사람은 앞으로도 더 나은 환경을 위해 자기에게 주어진 과제에 최선을 다한다.

최선을 다했을 때 얻는 결과가 어떤 것인지 아는 사람과 모르는 사람의 가동력은 당연히 차이가 날 수밖에 없다. 그들은 동기부여가 강하기 때문에 더 열심히 공부하고, 삶을 대하는 태도도 더 열정적이고 진지하다. 지금 내가 하는 행동이 나중에 내 삶에 어떤 영향을 미칠지 아는 사람은 함부로 인생을 살 수가 없다. 그리고 열심히 노력해서 결과를 얻은 사람은 또다시 성공적인 결과를 내기 위해 노력하고, 다시 원하는 결과를 내고 새로운 목표를 세우는 선순환의 인생을 산다.

삶에 하나의
선택지를 더하다

공부해서 원하는 결과를 얻고 나면 삶의 모습을 능동적으로 선택할 수 있다. 예를 들어 돈보다 시간적 여유를 중요하게 여기는 사람이라면 시간 조율이 가능한 직업을 택할 수 있다. 시간이 여유로운 것보다 돈을 많이 벌고 싶으면 돈을 더 벌 수 있는 직업을, 사람들과 어울려 일하기보다 혼자 일하는 것이 좋다면 타인과 부딪힐 일이 없는 직업을 선택할 수 있다. 지금 하는 그 공부가 내 인생에 선택지를 하나 더 만들어주는 것이다.

예전에 잠시 법무실에서 근무하던 때가 있었는데, 일을 매우 잘하는 직원이 한 사람 있었다. 그는 전문대학을 졸업했고 사회생활을 로펌에서 시작했다. 처음 하는 사회생활이었지만 일도 잘하고 미래를 위한 준비에 있어서도 그 누구보다도 부지런했다. 퇴근 후에는 가맹거래사 공부에 매진하더니 결국 가맹거래사 시험에 합격했다. 이후 가맹거래를 하는 중소 프랜차이즈 회사의 법무팀으로 이직할 수 있었고 그곳에서 실력을 인정받아 또다시 본사 법무팀에서 일하게 되었다.

하지만 그는 거기서 멈추지 않았다. 본사 법무팀에서 근무하면서 퇴근 후 공인중개사 시험을 준비해 합격했고 이름만 말하면 다 아는 대기업으로 이직했다. 그야말로 그는 끊임없이 도전하며 인생의 선택지를 늘리기 위해 달리고 또 달렸다. 그런 그를 보며 나는 삶에는 제한이란 없음을 깨닫게 되었다.

변호사 중에서는 프리랜서처럼 일하는 사람도 많다. 변호사는 로펌에서 9시부터 18시까지 근무하며 새벽까지 야근해야 하는 고강도의 업무 방식도 있지만, 프리랜서처럼 일하는 근무 시간을 자유롭게 정하고 급여를 줄이는 업무 방식도 있다. 소규모로 개업하는 경우도 사건 수를 줄이고 자유롭게 시간을 쓸 수 있어서 아이를 키우며 일하기 좋다는 이야기를 들은 적도 있다.

지금까지 공부를 함으로써 인생에 무엇을 더할 수 있을지 알아봤다. 단순히 돈을 많이 버는 직업을 갖게 되는 것만이 아니다. 내 인생에서 고를 수 있는 선택지를 늘릴 수 있다. 그리고 그 선택지들은 내가 바라는 삶을 살 수 있도록 해줄 수 있다. '지금 자면 꿈을 꾸지만, 지금 공부하면 꿈을 이룬다'라는 유명한 말이 있다. 당장 책상 앞에 앉아 미래의 내 인생을 위한 공부를 시작해보면 어떨까?

의지를 다잡는
가장 쉬운 방법,
자기긍정

네이버 백과사전을 보면 '의지'란 '어떤 일을 이루고자 하는 마음'을 일컫는다고 나와 있다. 공부를 시작한 초기에 나는 내가 그 어떤 풍랑에도 꺾이지 않고 원하는 목표를 달성할 것이라고 여겼다. 하지만 위의 사전적 정의에서 보듯 의지란 '마음'이어서 하루에도 수없이 이리저리 흔들리곤 했다.

실은 공부할 때만큼 나 자신을 미워했던 적이 없었다. 자존감이 떨어지고 스스로에 대한 믿음이 바닥으로 치달았다. 비단 나만 그런 게 아니다. 유튜브에서도 가장 많이 보이는 댓글들이 자신에 대한 믿음, 의지가 없어 괴로워하는 댓글들이다.

'공부할 때 무기력해지고 잠만 오는데요. 알고 보니 우울증 증상이라고 하네요. 저는 공부랑 안 맞는 걸까요?'

'공부한 걸 머릿속에 정리하는 것도 힘든데, 힘들어도 계속 공부해야 한다는 강박 때문에 몹시 지칩니다.'

'36세에 임용 공부하고 앉아 있자니 앞이 막막하고 갑자기 눈물이 나곤 합니다.'

나 자신을 입증할 수 있는 시간은 1년에 단 한 번 주어지는 시험이 전부인데, 그 한 번의 기회를 위해 수백 시간 이상 공부해야 한다. 그 시간 동안 자신과의 싸움에서 수천 번 패배를 맛보다 보니 당연히 우울하고 부정적인 생각에 갇힐 수밖에 없다.

'나 같은 게 과연 합격할 수 있을까?'

이렇게 부정적인 마음이 들면 저도 모르게 눈물이 핑 돈다. 공부도 잘되지 않고 우울감에 자주 젖는다. 그런 시간이 쌓이다 보면 신체적, 정신적으로 무기력해져서 무엇을 해도 의욕이 생기지 않는 번아웃(Burnout)이 온다.

만일 이렇게 마음이 흔들리고 부정적인 생각이 자주 든다면 의지를 다잡기 위해 시선을 긍정적인 방향으로 돌려야 한다. 적극적이고 능동적으로 자신을 믿어주고 토닥이는 습관을 만드는 게 좋다. 자기조차 자신을 믿지 못하면 의지를 다잡기는 더 어려워진다. 내가 했던 아주 쉽고 간단하고 시간도 들지 않는 방법이 하나 있다. 바로 이렇게 소리 내어 말해보는 것이다.

"나는 합격할 수 있다!"

딱 세 번만 입 밖으로 내뱉어보자. 뇌는 내가 하는 음성을 듣고,

그저 생각만 할 때보다 더 확실하게 각인되어 다시 공부하게 만드는 에너지로 변환된다.

부정적인 생각 회로를
끊어라

어느 날은 모의고사 성적이 바닥으로 나와서 그 어떤 날보다도 나 자신을 향한 부정적 생각이 강하게 들었다. 나는 독서실 밖으로 나와 잠시 바람을 쐬는데 문득 이런 생각이 들었다.

'그렇게 공부하고도 이런 성적을 받았으니 합격하겠어?'

나도 모르게 눈물이 흘러내렸다. 애써 부정적인 생각을 털어내려고 해도 잘 안 되었다. 더 힘들었던 건, 다시 독서실에 들어가 공부하고 싶은 마음이 들지 않았다는 것이다. 시간만 축낼 게 아니라 빨리 들어가서 시작해야 한다는 것을 잘 알고 있었는데도 말이다. 도저히 공부할 기분이 아니었다. 그렇게 한참을 길에서 서성였던 게 지금도 생생하게 기억난다.

최종 목표를 정해두고 그 목표를 향해 달려가는 동안은 수많은 장애물을 마주하게 된다. 장애물에 부딪혀 중심을 잃고 멘탈이 흔들리면 중요한 시험이 코앞에 있다는 걸 알면서도 공부가 손에 잡히지 않고 집중이 되지 않는다. 그럴 때 휘몰아치는 감정은 회의감이

다. 회의감에 사로잡히면 그 무엇도 하고 싶지 않은 무기력증에 빠진다.

이런 마음을 극복해야 합격한다. 강인한 멘탈과 흔들리지 않는 정신력을 보유한 선배나 친구들이 나보다 더 빠르게 합격하는 것을 보면서 솔직히 부러웠다. 내가 도저히 따라갈 수 없는 부분이라 생각했고 아예 다른 유전자를 갖고 태어났다고 생각하기도 했다.

그날도 그랬다. 눈물을 흘리며 독서실 주변을 배회해봐야 현실은 하나도 나아질 게 없었다. 주변에 나를 도와줄 그 누구도 그 무엇도 없었다. 그 순간 문득 이런 생각이 들었다. 결국 내 곁에 남아 있는 사람은 나뿐이라고 말이다. 나는 나도 모르게 입 밖으로 소리 내어 이렇게 말했다.

"○○아, 지금까지 공부한 시간이 얼마이고, 노력한 게 얼마니. 성적이 잘 나왔던 날도 있었잖아. 그런 날엔 스스로 칭찬도 하지 않을 정도로 공부에 매진했지. 그러니 잠시 힘든 날도 있을 수 있어. 오늘 틀린 거 보강하면 더 좋은 성적이 나올 거야. 내가 합격하지 않으면 누가 합격하겠어!"

여기서 포인트는 평소 정말 아끼는 친구, 즉 공부를 진짜 열심히 해서 꼭 합격할 것이라고 믿었던 친구가 힘들어할 때, 마치 옆에서 그 친구를 위로하는 것처럼 나 자신에게 말하는 것이다.

나는 마음속으로만 생각하지 않고 입 밖으로 말을 내뱉으며 나 자신과 대화를 시작했다. 그랬더니 신기하게도 부정적인 마음이 서

긍정적 생각을 갖는 과정

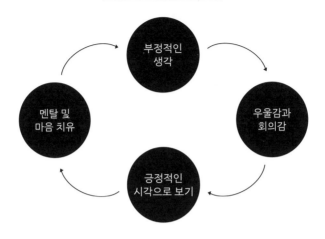

부정적 생각과 긍정적 시각

부정적 생각	긍정적 시각
· 점수가 절반밖에 안 나왔네. · 난 아마 안 될 거야. · 공부하느라 친구들과 멀어져서 난 결국 혼자가 될 거야.	· 그래도 킬러 문항 빼곤 맞혔잖아. 공부해야 할 게 명확해졌어. · 아직 D-250이야. 계획을 잘 짜면 모든 공부를 할 수 있어. · 공부에 집중하겠다고 하면 친구들도 이해하고 기다려줄 거야.

서히 사라지고 그 자리에 긍정적인 마음이 솟아났다. 그리고 곧 독서실에 다시 들어가 공부하고 싶다는 생각이 들었다.

이렇게 긍정적인 말로 부정적인 생각의 회로를 끊는 훈련을 해야 한다. 아마도 공부하는 내내 '부정적인 생각→회의감→긍정적인 생각→마음 치유'의 과정은 반복될 것이다. 그때마다 긍정적인 생각과 말들로 부정적인 생각과 우울감을 극복하자. 스스로 다독이고 치유하는 과정을 거치다 보면 어느새 그 어려운 시기를 훌륭히 버티고 일어선 자신을 보게 될 것이다.

자기긍정의
힘

부정적 생각은 공부 재능이 없거나 늘 무기력한 사람에게만 오는 게 아니다. 사법연수원에 입소한 뒤 동기들을 보자마자 대다수가 비슷하다는 걸 느꼈다. 자기연민 또는 자기혐오에 빠져 공부하는 동기들도 있었지만, 많은 동기가 깨어 있는 시간을 제외하고는 종일 공부만 해야 하는 빡빡한 일정인데도 자신을 믿는 긍정적인 기운으로 공부를 해나갔다.

공부하는 자리를 슬쩍 보면 늘 긍정적이고 스스로를 믿는 말들이 포스트잇에 쓰여 붙어 있었고, 늦게까지 공부하는 자신을 대견해하고 기특해했다. 그중에는 "새벽까지 공부하다 들어가면 그 공기가 두 배는 상쾌하게 느껴져서 마음 속 깊은 곳까지 리프레쉬가 된다"라고 말하는 사람도 있었다. 아마 부정적인 사람이었으면 "이 늦은 시간까지 공부에 매여 있다니, 내 인생도 참 힘든 인생이다"라고 했을 것이다.

내가 이루지 못한 일에 집중하며 자기혐오에 빠지느냐, 지금까지 성취해낸 일에 집중하며 자신을 긍정하며 칭찬하느냐는 내가 선택할 수 있는 문제다. 그리고 어느 것을 선택하느냐에 따라 나의 멘탈은 완전히 달라진다. 자기혐오에 빠지면 피해의식에 갇히고 그나마 있던 재능마저 의심하며 결국 자기부정의 끝없는 나락으로 추락한다. 이런 부정적인 마음으로 책상에 앉으면 좌절과 무기력만 몰려올 뿐이다.

우리가 해야 할 것은 자기긍정이다. 자기긍정의 첫 단계는 자기수용으로, 바로 나 자신을 인정하고 받아들이는 것이다. 자기긍정이라고 해서 무조건 내가 하는 것은 다 맞고, 다 잘할 수 있다고 믿는게 아니다. 오히려 나의 부족한 부분을 받아들이고 인정하며 열심히 하면 이룰 수 있다고 발전적으로 생각하는 것이다. 스스로 약점과 강점을 받아들이고 인정하는 것을 의미한다. 이런 자기수용 과정을 통해 그동안 성취해온 것에 집중함으로써 그다음 필요한 행동으로 나아갈 동력을 얻게 된다.

일본의 정신과 의사 사이토 사토루의《나는 왜 나에게만 가혹할까》라는 책을 보면 자기긍정감이 강한 사람은 자신의 과실이나 부족함을 솔직하게 인정하고 상황에 맞지 않으면 즉시 행동을 수정한다고 한다. 이들은 실수하거나 실패한다고 해도 필요 이상으로 낙담

하지 않고 다음을 위한 발판으로 삼으며, 설령 외면하고 싶은 결점이 있더라도 피하지 않고 마주한다. 즉 자신을 수용하고 받아들이는 사람은 자신의 단점을 빨리 수정하며 실패를 다음을 위한 발판으로 삼는 것이다.

어느 날 갑자기 성적이 떨어지거나 도무지 진도가 나가지 않을 때의 막막함, 짧은 집중력에 대한 낙담 등으로 자신의 부족함이 크게 느껴질 때가 있을 것이다. 그러면 쉽게 자괴감, 자책감에 빠진다. 친구에게는 가혹한 이야기를 하지 않으면서 자신에게는 가혹한 말을 던지는 사람이 얼마나 많은가! 그럴 때마다 자신의 부족함을 받아들이되 과도하게 낙담은 하지 말자.

특히 '난 역시 안 돼'라며 자신을 벼랑 끝으로 몰아가는 태도는 수험생들의 고질병 중 하나다. '집중력이 고작 1시간밖에 안 되는데도 1시간씩 10번을 채워 10시간 동안 집중한 내가 정말 대단해! 조금 더 노력해서 1시간 10분 동안 집중해보자. 앞으로 더 좋은 결과가 있을 거야'라며 스스로 개선하고 긍정적으로 끝맺음하려는 자세가 필요하다.

부정적인 생각과 자기혐오는 수험생에게 전혀 도움이 되지 않는다. 자신의 부족함을 받아들이고 개선하려는 것과 열심히 해도 안 된다며 자책만 하는 것은 전혀 다른 결과를 가지고 온다. 멋진 연예인이나 친한 친구나 사랑하는 연인에게는 그 누구보다도 관대하고 긍정적이면서 내게만 가혹하고 부정적인 태도를 보이는 것은 모순이다. 차라리 자신을 제3자라고 생각하고, 소중한 친구에게 하듯 나 자신에게도 용기를 북돋고 응원해주는 것이 오히려 정신 건강에 큰 도움이 될 것이다.

공부 습관,
첫 단추가
중요하다

지금까지 공부하는 초반에 멘탈을 다잡는 방법에 대해 알아봤다. 이제 다음으로 넘어가 보자. 공부를 시작하는 단계에서 촘촘한 계획 세우기, 목표 설정하기 등 모두 중요하지만 일단 제대로 공부하는 습관을 잘 들이는 것이 가장 중요하다.

처음 공부를 시작할 때 내게 맞는 최선의 공부 습관이 뭔지 곧바로 알 수는 없다. 공부하면서 자신에게 맞는 방법을 조금씩 발견하게 되는데, 이 방법을 빨리 알 수 있는 팁이 하나 있다. 바로 자기에게 안 맞는 방법을 하나씩 소거하는 것이다. 좋은 습관을 찾기 위해 안 좋다고 느껴지는 습관을 먼저 찾아 제거하는 훈련을 해보자.

공부를 방해하는
습관들

무엇이 최선인지는 모를 수 있지만 적어도 무엇이 공부에 방해가 되는지는 어른이라면 당연히 알 수밖에 없다. 예를 들면 중독성이 강하고 한번 가면 긴 시간을 보내게 되는 PC방, 당구장, 만화책방 같은 곳에 가는 것이다. 공부가 잘되지 않는다고, 잠시 30분만 기분 전환하겠다고 가지만 결국 예상했던 시간보다 훨씬 많은 시간을 써버린다. 그리고 어느새 초조해하는 자신을 발견한다. 공부할 마음을 먹었다면 처음부터 아예 가지 않기로 정하고 이 다짐을 지키도록 노력해야 한다.

그 외에도 스마트폰, 넷플릭스 영상 등은 시간을 정해두고 보는 연습을 한다. 10분이 넘으면 미련 없이 꺼버리거나 애초에 독서실에서는 꺼내지 않는 습관을 들이자. 스마트폰 전원을 끄는 게 어려우면 일부러 '보기 싫도록' 조작하면 된다. 예로 컬러 화면을 흑백 화면으로 설정하면 눈에 자극도 덜하고 재미가 없어 보다 수월하게 끌 수 있다. 아니면 스마트폰을 다른 방에 두거나 타인에게 맡기는 등 아예 꺼내기 불편한 곳에 둘 수도 있다. 공부를 방해하는 습관을 제거해야 그 빈자리에 공부하는 습관을 들일 수 있다.

온전히 몰입해서
집중하는 연습

책상 앞에 앉아 있는 시간보다 더 중요한 것은 무엇일까? 바로 집중해서 앉아 있는 시간이다. 똑같이 의자에 앉아 있지만 진짜 공부하는 사람과 공부하는 척하는 사람의 차이는 매우 크다.

자리에 앉아 온라인 강의를 듣고 있지만 다른 생각을 하거나 스마트폰을 보거나 책상 정리를 하고 있다면 아무리 오래 앉아 있어도 성과를 내지 못한다. 반면에 온전히 몰입해서 공부했다면 단 1시간을 공부했다고 해도 머릿속에 공부 내용이 각인된다. 우리는 이미 알고 있다. 앉아 있는 것보다 집중하는 게 더 중요하다는 사실을 말이다. 책상에 앉아 있지만 제대로 공부하지 않고 하는 척만 한다면 초반에 잘못된 습관을 들이게 된다. 이런 습관을 나중에 고치기는 매우 어렵다.

사법연수원 시절, 함께 공부했던 친구 한 명은 자리에 앉아 공부하는 절대적인 시간은 생각보다 적었는데 늘 성적이 좋았다. '원래 머리가 좋은 친구인가?'라는 생각도 했다. 그러던 어느 날 그가 공부하는 것을 옆에서 보게 되었다. 그는 내가 이름을 불러도 듣지 못할 정도로 무섭게 집중하고 있었다.

집중의 질에 따른 성과의 차이가 매우 크다는 것을 알게 된 순간이었다. 책에 온전히 몰입하면 시간이 어떻게 가는지도 모르고, 주변에서 어떤 일이 일어나는지도 모를 정도다. 그렇게 공부할 땐 갑자기 두세 시간이 훅 지나간 것 같아 놀라기도 한다.

처음 공부할 때는 집중해서 공부하는 게 어떤 느낌인지 알아야 한다. 책상 앞에 앉았다면 그 시간 동안 공부하는 것들을 한 글자, 한 글자씩 들여다본다고 생각하라. 글자 하나, 단어 하나씩 잘라서 읽는 것이다. 시간이 많이 들어도 된다. 처음 습관을 들이면 이후에는 빠르게 집중 모드에 들어갈 수 있다. 이후 한 번 집중했을 때 어느 정도 공부할 수 있는지 확인하고 시간 계획을 짜면 된다. 그렇게 일단 10분이라도 앉아서 책을 보도록 해보자. 그리고 집중했을 때 책에 있는 내용을 받아들이는 정도와 앉아 있지만 집중하지 못했을 때 어느 정도 공부했는지 비교해보면 확연한 차이를 느낄 것이다. 집중하지 못한 상태에서 두세 시간 앉아 있는 것은 사실 시간 낭비다. 따라서 공부 시간을 늘리기보단 집중하는 연습을 먼저 해야 한다.

내가 속한 커뮤니티를
다르게 만들어라

공부를 시작한다는 건 지금까지 속했던 커뮤니티에서 나와 다른 커뮤니티로 들어간다는 것을 뜻한다. 주말마다 주기적으로 잡았던 친구들과의 약속, 어쩌다 한 번씩 생기는 술자리 등이 무의미해지는 것이 수험생의 삶이다. 정 없이 들릴 수도 있지만 굳이 시간과 돈을 써가며 그 친구들과 교류할 필요가 없다. 공부를 평생 할 것도 아니니 1~2년 정도 외부와 단절되어 최소한의 인간관계만을 유지하는 것이 좋다. 그러니까 내 시간, 내 공부를 우선으로 하면서 '이기적으로' 살라는 것이다.

일단 공부를 시작하는 단계에서는 외부와 단절될 준비를 하자. 미리 친구들에게 양해를 구해도 좋고 서서히 멀어져도 된다. 착한 사람 콤플렉스 때문에 일일이 메신저에 답장하고 전화 받고 약속 잡을 생각은 절대로 하지 말자.

나는 초반에 공부할 때 친구들이 10분만 커피 마시러 나가자고 하거나, 주말에 만나자고 하는 걸 거절하기가 힘들었다. 거절하더라도 계속 미안한 마음이 들어 스트레스가 컸다. 그래서 쉬고 싶지 않은데도 친구들이 부르면 나간 적도 있었다. 하지만 그만큼 공부 시간이 줄어들었고, 나갔다 들어오면 다시 집중하기 어려워 무의미한 시간이 늘었다.

그래서 거절하지 못할 바엔 여지조차 주지 말자는 생각으로 친구들이 없는 곳으로 가서 공부했다. 친구들과의 관계가 영영 끊어질 수도 있다는 걱정도 들었지만, 우선 내가 급했기 때문에 어쩔 수 없었다. 그런데 막상 합격하고 나니 연락이 끊겼던 친구들도 합격을 축하해주었고, 당시 내가 보인 태도에 대해 섭섭해하는 친구들은 하나도 없었다.

공부하느라 연락이 뜸해졌다고 해서 화내거나 서운해하는 사람은 없다. 만일 섭섭해한다면 딱 그 정도의 관계였던 것일 뿐이니 미련 없이 끝내도 좋다. 공부를 시작하는 이 시기에는 외부의 인간관계를 조금씩 단절해가는 습관을 들이자. 주변에 사람들이 반드시 있어야 한다면 함께 공부하는 사람들과 1~2개의 스터디 그룹을 만드는 것도 좋다.

습관을 들이는 가장 좋은 방법은 '이미 그런 사람처럼 행동하는 것'이다. 스스로 공부하는 사람, 이기적인 사람이라는 마인드를 가져라. 당신이 생각하는 '공부하는 사람'은 어떤 사람인가? 바로 그 사람처럼 행동하라.

시작했다면
1년 안에
합격하라

시험공부는
빠르게 끝내라

　　시험공부는 반드시 단기에 끝내야 한다. 빠른 합격은 모두의 소망이자 목표일 텐데, 다르게 생각하는 사람도 있다. 공부를 오래 하면 실력이 당연히 늘고, 고수가 되어 상위권으로 합격할 수 있을 것 같다고 말이다. 하지만 실제로는 그렇지 않다. 석사, 박사를 뽑는 시험이나 수험생의 실력이 어느 정도인지를 검증하려고 하는 시험이라면 오래 공부한 사람일수록 유리하고 좋은 결과가 나올 확률이 높다. 그렇지만 대부분의 자격증 시험이나 고시는 다르다. 일단 합격해야 하는 시험이기에 실력을 쌓는 것이 중요한 게 아니다.

왜 그럴까? 시험의 본질을 생각해보자. 시험은 일정 수준(과락선)을 넘는 사람 중 합격 인원을 뽑는 것이다. 절대 평가와 상대 평가가 섞여 있는 시험이 대부분이다. 실력이 대단한 사람을 뽑는 것이 아니기 때문에 반드시 100점을 받을 필요가 없고, 합격선인 70점만 받아도 충분하다. 그렇기 때문에 오래 공부해서 실력을 쌓는 것이 합격으로 가는 지름길이 아니다. 시험에 붙을 수 있는 딱 그 정도의 공부를 목표로 해서 빠르게 합격하는 게 효율적이다.

단기간 안에 합격해야 하는 이유가 더 있다. 아무리 의지가 강하고 공부하는 것을 좋아하는 사람이라고 해도 시간이 흐를수록 지치기 마련이다. 그래서 초기에는 천천히 공부의 속도를 붙여가다가 중간부터 가속을 하여, 시험이 임박했을 땐 미친 듯한 집중력으로 쏟아붓고 끝내야 한다.

이는 마치 밑 빠진 독에 물을 부어 그 독을 채우는 것과 같다. 밑이 빠진 독을 채우려면 그만큼 빠르게 물을 부으면 된다. 단기간에 전력으로 집중해야 맞히는 문제도 많아진다. 그런데 기간이 길어지면 공부가 일상이 되어버려 속도를 높이지 못하고 아는 것도 잊어버리는 경우가 생긴다.

그러니 적어도 1년 안에 합격하겠다는 생각으로 계획을 세우고 시험을 준비해야 한다. 3년 안에 붙는다는 마음으로 공부한 사람과 1년 안에 붙는다는 마음으로 공부한 사람이 보내는 시간의 밀도가 같을 수 없다. 아마도 1년 안에 붙겠다는 마음으로 공부한 사람이 훨씬 더 시간을 촘촘히, 밀도 있게 쓸 것이다. 그런 사람이 그해에 떨어진다 하더라도 그가 공부한 양은 3년을 준비하는 사람보다 많다. 따라서 1년 안에 합격하겠다는 생각으로 공부했다면 그해에 떨어진다고 해도 그다음 해에 붙을 확률이 훨씬 더 높다.

빠르게 합격하는 사람들의 특징

그러면 어떻게 해야 단기간에 시험에 합격할 수 있을까? 빠르게 합격하는 사람들의 특징은 무엇일까? 나는 사법시험 공부를 신림동 고시촌에서 했다. 그때 정말 열심히 공부하는 사람도 봤지만 PC방, 술집, 게임방에 드나드는 사람도 봤고, 공부하는 척하지만 실제로는 하지 않는 사람도 봤다. 고시촌에서 탈출하지 못하고 계속해서 머무르는 사람과 합격해서 멋지게 탈출하는 사람의 차이점은 무엇일까?

단기간에 합격하는 사람들은 공부의 양이 아닌 효율성을 1순위로 생각하며 시간 낭비하는 것을 가장 두려워한다. 그래서 효율성이 없이 시간만 낭비하는 습관은 재빠르게 수정한다.

지금 공부하는 당신은 노력이라는 것을 어떻게 정의하는가? 당신의 노력은 과연 '효율적인 노력'인가? 당신이 생각하는 노력이란 어떤 것인가? 의자에 앉아 책과 씨름하고 강의를 듣고 모의고사를 푸는 것인가? 혹시 지금 하는 공부의 효율성은 전혀 신경 쓰지 않은 채 '버티다 보면 언젠간 합격의 문이 열리겠지' 하며 안일하게 있는 건 아닌가? 지금 나의 노력이 진정한 노력인지, 노력을 흉내 내는 것인지 반드시 체크해야 한다.

효율성이 떨어지는 공부법, 즉 집중이 안 되는데도 공부법 영상이나 글만 보는 공부, 3시간만 자고 15시간씩 버티고 앉아 있는 공부, 온라인 강의만 무한정 시청하는 공부는 결코 노력하는 공부라고 할 수 없다. 나도 초기 수험생 시절 이런 공부법들을 보고 매료되어 무작정 그대로 따라 했던 적도 있었다. 하지만 잠을 줄이고 공부하는 것은 집중력이 떨어져 효율적이지 않았고, 온라인 강의만 듣는 것은 인풋은 되지만 아웃풋이 없어 시간 대비 머리에 들어오는 것이 없었다. 그래서 곧바로 관두었다.

끊임없이 자신이 어떤 사람인지 파악하고 어떤 공부법이 효율적인지 분석해서 내게 맞는 방법을 찾아가는 것이 진정한 공부의 시작이다. 결국 단기간에 합격하는 시험공부란 나에게 맞는 최상의 공부법을 얼마나 빨리 찾는가의 싸움이다. 다음 장에서부터 나를 돌아보고 내게 맞는 공부 시간, 계획, 습관을 어떻게 찾는지 알아보겠다.

Chapter
02

합격자의
초반 공부 계획법

목표와
우선순위를
분명하게 하라

공부하는 사람의
1순위는?

　　　　　　나의 우선순위를 정하는 것은 대부분 사람에게 중요하지만 특히 공부하는 사람에겐 더 중요하다. 공부를 시작할 때는 가장 먼저 자신의 우선순위가 무엇인지 분명히 해야 한다. 그래야 당장 눈앞에 있는 책을 끝까지 볼 수 있고, 놀고 싶은 마음도 억누를 수 있으며, 무너지는 멘탈을 붙잡을 수도 있다. 목표한 바를 이룰 힘이 생기는 것이다.

　한 교수가 학생들에게 목표와 우선순위에 대해 설명하는 영상을 봤는데, 매우 인상적이었다. 그는 유리병 하나를 가져와서 큰 돌멩이들을 병에 가득 채운 다음 학생들에게 이렇게 물었다.

"이 유리병이 가득 찼나요?"

"네."

학생들이 답하자 교수는 그 병에 조약돌들을 넣었다. 큰 돌멩이들 사이로 조약돌이 꽤 많이 들어갔다. 다시 교수가 물었다.

"이 유리병이 가득 찼나요?"

학생들은 또다시 "네"라고 답했다. 교수는 모래를 병에 쏟아부었다. 역시 꽤 많은 모래가 병 안에 들어찼다.

"이 유리병이 가득 찼나요?"

학생들은 뭔가 의심하는 표정으로 주저하기 시작했다. "네"라고 대답한 학생도 있었고, 더 작은 걸 넣을 수 있다고 말한 학생도 있었다. 마지막으로 교수는 병에 물을 넣은 다음 이렇게 질문했다.

"맨 먼저 모래를 넣었다면 조약돌을 넣을 수 있었을까요? 조약돌을 먼저 넣었다면 그다음 큰 돌멩이들을 넣을 수 있었을까요?"

이 이야기는 목표를 이루기 위해서는 가장 중요한 것이 무엇인지 선택하고 그것을 우선순위에 두어야 한다고 말하는 것이다. 우리는 인생이라는 목표, 작게 보면 시험 합격이라는 목표를 뜻하는 유리병 안에 돌멩이와 모래와 물을 넣고 있다. 유리병의 크기가 정해져 있다면 그 안에 돌멩이를 먼저 넣는 사람과 모래를 먼저 넣는 사람 중 누가 더 많은 것을 채우면서 목표를 달성할까?

아마도 돌멩이를 먼저 넣는 사람은 그 안에 나머지 모래도 넣고 물도 넣을 수 있을 것이다. 중요한 것(큰 돌멩이)과 덜 중요한 것(모래)들이 유리병에 들어가 병을 꽉꽉 채울 것이다. 반면 어떤 사람은 덜 중요한 것(모래)으로만 유리병을 가득 채울 것이다. 그러고 나서 이렇게 말할지 모른다. "아직 넣어야 할 게 많은데 언제 이런 것들로 병이 가득 찼지?"

공부할 분량과 시간에 대한 계획을 세울 때 1순위로 생각해야 하는 것은 '합격에 필요한 것'임을 잊지 말아야 한다. 공부하는 동안 인생에 아무런 일이 없으면 참 행운이겠지만 그렇지 않은 경우도 많다. 축하해야 할 결혼식뿐만 아니라 슬픔을 나눠야 하는 일들도 많이 있을 것이다. 인간이라면 마땅히 챙겨야 하는 도리가 공부하는 그 긴 시간 동안 아예 없을 수가 없다. 그렇지만 적어도 공부하겠다고 결심한 시기에는 챙겨야 할 관계를 최소한으로 줄여야 한다.

시험에 합격한 사람들이 공부하던 시절을 떠올리며 눈물을 흘리는 이유 중 하나가 바로 그 때문이다. 어떤 사람은 가까운 가족이 아팠을 때 병문안도 10분 정도로 짧게 다녀왔다고 한다. 비단 큰 행사만 줄여야 하는 게 아니다. 평소 자신이 시간을 어떻게 보내고 있는지 살펴보고 공부에 도움이 되지 않는 취미도 과감하게 중단해야 한다. 똑같은 24시간, 365일이라는 시간에 다른 사람보다 더 나은 성과, 최고의 성과를 내려면 시간을 효율적으로 쓰는 것 말고는 답이 없다.

예를 들어 취미가 운동이라고 해보자. 만일 운동이 공부에 도움이 되지 않는다면 당분간 줄여야 한다. 하지만 운동하면서 스트레스도 풀고 슬럼프에 빠지는 시간도 줄었다면 공부에 도움이 된다고 판단할 수 있다. 그러면 헬스장 가는 거리를 최대한 단축해 이동 시간을 줄이고, 운동 시간도 기존보다는 절반으로 줄여야 한다. 필요한 정도로만 취미를 이용하고 조절해야 한다.

목표를 잘게
쪼개라

우선순위를 정하고, 공부할 때 중요하지 않은 일들을 다 쳐냈다면 이제 구체적인 목표를 설정하고 지켜야 할 일이 남았다. 이때부터는 장기적인 목표를 잘게 쪼개서 중간 중간 단기 목표를 만들 차례다.

예를 들어 장거리 마라톤을 뛰고 있다고 해보자. 단거리와 다르게 결승점이 눈앞에 보이지 않으니 지금 당장 10미터 정도 걸어가도 완주하는 데 별 영향이 없을 것 같기도 하고, 지금부터 열심히 뛰어도 결과가 크게 달라지지 않을 것 같다. 하지만 이런 생각은 나중에 지치고 무기력해지는 원인이 된다. 의지가 나약하고 말고의 문제가 아니다. 애플의 최고경영자 팀 쿡(Tim Cook)도 너무 먼 목표를 보고 달려가는 건 지칠 수밖에 없고 실패로 가는 지름길이라고 했다.

대부분 중학생과 고등학생들은 몇 년 후에 있을 대학수학능력시험을 향해 달린다. 그리고 그 사이에 중간고사와 기말고사, 모의고

1년 목표를 세우는 법 예시

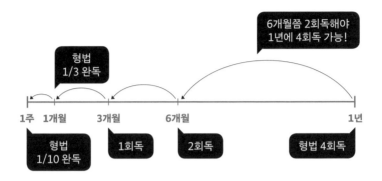

사를 치른다. 그동안 공부한 것을 확인하는 시험이자 앞으로 해야 할 공부의 이정표를 세우기 위해서다.

우리도 마찬가지다. 시험 합격까지의 기간이 빠르면 몇 달일 수도 있겠지만 1년이 될 수도 있고 3년이 될 수도 있다. 장기 목표인 합격 하나만 보고 달린다면 누구라도 지치지 않을 수 없다. 매일 한 걸음씩 걸어서 목표에 도달하기엔 지금의 노력이 너무나도 작은 것 같고 목표는 너무 멀리 있는 것 같기 때문이다.

따라서 장기 목표를 달성하기 위해서는 중간에 단기 목표들을 세우고 계획을 짜야 한다. 위 그림처럼 장기 목표를 여러 구간으로 잘게 쪼개어 구간 하나를 단기 목표로 세워보자.

막연하게 '3개월 안에 책 한 권 다 공부하기'라고 한다면 시간이 많이 있는 것 같아서 마음이 여유롭다. 하루 정도는 공부하지 않아도 남은 3개월 안에 책을 다 볼 수 있을 것만 같다. 하지만 앞의 그림과 같이 큰 목표를 맨 뒤에 두고 차례로 단기 목표를 세우면 달라진다. 일주일 안에 형법 책 10퍼센트를 완독해야만 1개월 안에 책의 30퍼센트를 완독할 수 있고 3개월 안에 책을 1회 완독할 수 있다.

앞 그림은 단기 목표가 하나라도 밀리면 결국 최종 목표 또한 무너질 수 있음을 한눈에 보여준다. 최종 목표와 기간을 정했다면 그림처럼 각각의 과정을 쪼개서 단기 목표들을 세워보자. 이 작은 그림 하나로 공부하는 스케줄을 어렵지 않게 세울 수 있을 것이다.

합격을
부르는
공부 계획

앞서 이야기했듯 공부를 처음 시작하는 사람이든, 이미 실패를 맛본 사람이든 결국 합격하기 위해서는 자기에게 맞는 공부법을 찾는 게 가장 중요하다. 여기서 소개하는 공부법을 무작정 따라 하기보다는 '이런 방향으로도 할 수 있구나' 정도로 생각하는 게 좋다. 그리고 자신에게 맞게 공부 시간이나 분량을 '커스터마이징(Customizing)'하는 단계를 반드시 거쳐야 한다.

나는 철저하게 계획을 세우고 확실히 지키는 것이 최우선이었다. 2017년 이후 사법시험이 없어졌기에 요즘 사람들은 잘 모르겠지만 사법시험은 정말 공부할 분량이 상상을 초월할 정도로 많았다. 기본서만 하더라도 사법시험 1차 기준 민법 한 과목만 친족상속법은 510쪽, 민법요해1은 1,363쪽, 민법요해2는 1,695쪽이다. 헌법은 1,773쪽, 형법은 1,761쪽이다. 여기에 선택 과목 하나를 고르는데 대부분 몇백 쪽에 불과하지만 결코 만만한 과목이 아니다. 심지어 지금까지 열거한 분량은 기본서 기준이다. 여기에 기출문제를 더하고, 모의고사를 더하고, 핵심 강의라도 들었다면 그 강의안도 더해야 한다.

여기서 끝이 아니다. 사법시험 1차에 비해 사법시험 2차는 양이 더 많다. 기본적으로 헌법, 형법, 민법은 1차 시험과 겹치는 과목이지만 1차는 객관식 8지선다이고 2차는 논술형이기 때문에 공부법이 다르다. 그리고 형사소송법, 민사소송법, 행정법, 상법도 새롭게 봐야 하는데 각 과목 모두 1,000쪽은 기본으로 넘는 과목들이다. 사법시험을 치르기 위해 보는 책을 한쪽에 쌓아본다면 최소 2미터는 훌쩍 넘을 것이다.

어마어마한 분량을 알고 나니 하루에 몇백 장씩 공부해도 겨우 진도를 따라잡는다는 느낌이 들 뿐이었다. 하지만 단순히 진도를 따라잡는 정도로 공부해서는 절대 합격할 수 없다는 건 누구라도 알 것이다. 따라서 이 많은 양을 단기간에 모두 공부하고 소화하기 위해서는 가장 중요한 것이 첫째도, 둘째도 계획이었다.

공부 계획을 최대한 구체적으로 잡고 실행하는 꾸준함, 계획이 틀어져도 포기하지 않고 상황에 맞게 수정해서 지키려는 마음으로 나아가는 것이 합격의 열쇠다. 그러면 공부를 시작하는 초반에 구체적인 계획을 세우는 방법을 알아보자.

1년 단위로
공부 계획 세우기

공부를 처음 시작할 때는 하루에 어느 정도의 분량을 소화해야 시험 당일에 맞춰 공부를 끝낼 수 있을지 감이 오지 않을 것이다. 그래서 그 감을 잡을 수 있는 계획부터 짜기 시작하면 된다. 하루나 시간 단위의 스케줄링이 아니라 일단 커다란 숲, 즉 1년, 1개월, 1주 단위로 계획을 짜는 것이다.

예를 들어 민법 1,000쪽, 형법 500쪽, 헌법 500쪽을 공부해야 한다고 하자. 이 책 세 권을 1년 안에 모두 봐야 한다면 분량에 따라 민법은 6개월, 형법 3개월, 헌법 3개월로 공부 기간이 나뉜다.

· 민법(1,000쪽): 6개월

· 형법(500쪽): 3개월

· 헌법(500쪽): 3개월

그다음에는 시험이 끝날 때까지 책을 몇 번 볼 것인지 정해야 한다. 시험 일주일 전을 빼고 나머지 기간에 적어도 세 번은 봐야 기억에 남으므로 해당 기간을 다시 3으로 나눈다. 3으로 나눌 때는 책을 처음 볼 때 시간이 제일 오래 걸리고 두 번째, 세 번째 볼 때는 속도가 붙을 것이기 때문에(복습은 시간이 적게 들 것이므로) 이를 고려해서 기간을 다시 정한다.

과목별 공부 계획

과목	분량	1회독	2회독	3회독	총 기간
민법	1,000쪽	3개월	2개월	1개월	총 6개월
형법	500쪽	1개월 반	1개월	2주	총 3개월
헌법	500쪽	2개월	3주	1주	총 3개월

*1회독: 책을 한 번 통독하는 것을 의미한다.

위 표를 보면 1년이라는 기간이 긴 것 같지만 실은 시간이 얼마나 부족한지 바로 느낌이 올 것이다. 헌법 과목을 보자. 처음 공부를 할 땐 강의를 듣는 시간까지 포함해 넉넉하게 2개월의 시간을 배분했지만, 책을 두 번째 볼 때는 시간이 3주밖에 되지 않는다. 3주 동안 500쪽을 다 보려면 앞서 2개월 동안 책을 볼 때 얼마나 열심히 봐야 하는지 그 강도가 느껴지기 시작한다.

이번에는 월별 계획을 살펴보자. 대략 1월부터 공부를 시작해서 12월에 끝낸다고 하면 오른쪽 표와 같다. 이처럼 기간을 잡은 후 해당 월에 공부해야 할 분량을 나누면 된다.

이렇게 하면 앞으로 1년 동안의 공부 스케줄이 모두 정해졌다. 큰 그림, 즉 숲을 다 그린 것이다. 이를 기준으로 단기 목표를 세우면 장기 목표를 위한 하루의 목표가 나온다. 이 기본 스케줄을 기초로 나무를 그리는 작업, 즉 세부적인 계획을 세워보자.

월별 공부 계획

1월~3월	4월~5월 중순	5월 중순~7월 중순
민법 1회독	형법 1회독	헌법 1회독
7월 중순~9월 중순	**9월 중순~10월 중순**	**10월 중순~11월 첫째 주**
민법 2회독	형법 2회독	헌법 2회독
11월 둘째 주 ~12월 첫째 주	**12월 둘째 주 ~12월 셋째 주**	**12월 넷째 주**
민법 3회독	형법 3회독	헌법 3회독

월별 공부 계획 및 분량

1월~3월	4월~5월 중순	5월 중순~7월 중순
민법 1회독: 기본서 정리+강의	**형법 1회독:** 기본서 정리+강의+기출 문제 풀이	**헌법 1회독:** 기본서 정리+강의
7월 중순~9월 중순	**9월 중순~10월 중순**	**10월 중순~11월 첫째 주**
민법 2회독: 기본서 2회독+기출문제 풀이	**형법 2회독:** 기본서 2회독+모의고사 공부+기출문제 복습	**헌법 2회독:** 기본서 2회독+기출문제 풀이+모의고사 공부
11월 둘째 주 ~12월 첫째 주	**12월 둘째 주 ~12월 셋째 주**	**12월 넷째 주**
민법 3회독: 기본서 3회독+오답 위주 공부	**형법 3회독:** 기본서 3회독+오답 위주 공부	**헌법 3회독:** 기본서 3회독+오답 위주 공부

*이 계획은 예시이며 과목의 특징에 따라 다를 수 있다.

나무를 그리는
하루 공부법

이제는 촘촘하게 하루 단위의 공부 계획을
세워보자. 민법 공부를 예로 들어보겠다. 앞서 민법 1회독 기간으로
3개월을 잡았고 민법의 공부량은 1,000쪽이다. 그러면 적어도 한
달에 330쪽은 공부해야 한다. 주말을 빼고 일주일에 5일 공부하고
한 달에 20일 공부한다고 하면 하루에 16.5장을 봐야 한다.

하루의 공부는 오전 공부, 오후 공부, 저녁 공부까지 세 부분으
로 나눌 수 있다. 그러면 단순히 3으로 나눠서 오전에 5.5장, 오후에
5.5장, 저녁에 5.5장으로 계획할 수 있다.

하지만 모든 시간에 신체적·정신적 컨디션이 똑같지 않기 때문
에 자신의 하루 컨디션에 따라 적절하게 분량을 나눠야 한다. 예를
들면 나는 점심을 먹고 난 오후 시간에 가장 집중이 안 되기 때문에
점심 식사 이후에 강의를 들었다. 그리고 책을 보며 암기하는 시간
을 오전과 저녁으로 배정했다. 또 나는 새벽형 인간이 아니므로 오
전 시간은 3시간 정도, 저녁 시간은 4~5시간 정도로 오전보다는 저
녁에 좀 더 많은 양을 할당해 시간표를 만들었다.

만약 하루의 진도가 밀리면 밀린 부분을 건너뛰고 그다음 날 진
도를 나간다. 예를 들어 하루에 16.5장을 보기로 했는데 13장밖에
못 봤다면 다음 날 14쪽부터 보는 것이 아니라, 예정된 스케줄대로
17.5쪽부터 보는 것이다. 밀린 3.5장은 못 봤으면 못 본 채로 그냥

넘어간다. 그리고 이렇게 일주일 동안 공부하고 금요일 공부를 끝내면서 일주일 동안 공부한 양을 체크해보자.

5일 동안 공부했는데 하루 16.5장씩, 총 82.5장을 채우지 못했다면 밀린 부분의 보충은 휴식으로 토요일과 일요일에 한다. 토요일과 일요일은 밀린 부분만 보충하고 쉬는 것으로 하고, 만약 밀린 것이 없다면 온전히 쉬는 시간을 가지면 된다.

평일 스케줄이 밀렸다고 해도 주말 시간을 활용해 밀린 부분이 다음 주 공부 계획을 방해하지 못하도록 하는 게 포인트다. 평일에 계획을 모두 완수했다면 주말에 편히 쉴 수 있는 일종의 보상을 주는 공부법이기도 하다. 이런 식으로 체크하는 것을 일주일 단위로도 하고, 한 달 단위, 석 달 단위로도 하면서 밀린 진도를 보충하고 메꿔준다.

한 달 단위로 스케줄을 체크해서 1개월 동안 330쪽을 공부했는지 확인해보고, 채우지 못했다면 역시 주말에 시간을 내서 채운다. 사람의 컨디션이 한 달 내내, 1년 내내 똑같을 수 없고 어떤 날은 평소보다 공부가 잘되거나 잘 안 되기도 한다. 어떤 날은 강의를 듣느라 책을 많이 못 보기도 한다. 그러니 주말은 계획을 어느 정도 수정하고 보완할 수 있도록 여유 시간으로 비워두는 것이 좋다.

한 달이 끝나고 점검했을 때 공부량이 밀려 있다면 일단 어느 정도 분량이 밀려 있는지 체크해봐야 한다. 예를 들어 민법 공부 기간으로 3개월을 잡았는데 3개월 동안 1,000쪽이 아니라 900쪽밖에 보지 못했다면 어떻게 해야 할까? 여기서 100쪽을 다 보겠다고 일주일을 추가해서 민법 공부를 하게 되면 그 뒤에 예정된 공부에 영향을 미친다.

이럴 땐 과감하게 100쪽을 포기하고 형법 공부로 넘어가야 한다. 그리고 보지 못한 100쪽은 다음 민법 2회독을 할 때 볼 수 있도록 계획에 넣는다. 세 과목을 공부할 때는 어느 한 과목에 치우치지 않고 골고루 시간을 배분해야 한다(예시 스케줄은 124쪽에 나와 있다).

다시 말하지만 우리는 합격하는 공부를 해야 한다. 예를 들어 세 과목 모두 70점만 넘으면 합격할 수 있다고 할 때 각 과목당 70퍼센트만 공부하면 되는 것이다. 그런데 그중 한 과목을 공부하는 데 시간을 과하게 투자한다면 최악의 경우 민법을 100점 받고 헌법은 시간 부족으로 제대로 공부하지 못해 60점을 받아 과락으로 떨어질 수 있다. 따라서 공부의 시간과 양을 조절하는 게 중요하다.

공부의 양에 맞춰
계획을 세워라

공부 계획을 세울 땐 무엇을 기준으로 해야 할까? 시간을 기준으로 해야 할까, 양을 기준으로 해야 할까? 어떤 사람은 하루에 13시간씩 공부하는 것을 기준으로 잡아 공부량을 정하기도 한다. 앞의 공부 계획을 보면서 눈치챘겠지만 일단 시간보다는 분량이 먼저가 되어야 한다. 그리고 시간에 맞춘 공부 계획은 분량에 맞춘 공부 계획을 먼저 세우고 나서 그다음 보충하는 형태로 들어가는 게 좋다. 시간을 기준으로 하면 공부의 양과 상관없이 앉아 있는 시간만 맞추는 경우가 생기기 때문이다. 공부의 양에 맞춰 계획을 세웠는데 시간이 너무 남아돈다면 목표 기간을 단축하든지, 계획한 하루 분량이 너무 적은 것은 아닌지 다시 확인해보면 된다.

지금까지 소개한 방법을 간단히 정리하면 다음과 같다.

· 목표한 시험 날짜에서부터 현재까지 남아 있는 시간이 얼마인지 확인한다. 그리고 하루의 공부 계획을 먼저 세우기보다 장기 목표를 설정한 다음에 중기 목표, 단기 목표를 세우는 것이 좋다(숲을 먼저 그리고 나무를 그린다).
· 공부해야 할 분량을 6개월/3개월/1개월/1주일/1일 단위의 스케줄로 나눈다.
· 1일치 공부할 양이 나오면 하루에 몇 시간을 공부해야 모두 소화할 수 있는지 체크한다.
· 계획의 실행 여부는 일주일 단위로 체크한다. 예를 들면 일주일 공부 분량을 5일로 나눠 월요일부터 금요일까지 공부한다. 금요일까지 공부 분량을 모두 끝냈다면 토요일과 일요일은 쉰다. 만약 그사이에 공부가 밀렸다면 밀린 부분을 주말에 보충하고 남는 시간에 쉰다.

· 주말에 일주일의 공부 스케줄을 점검하고, 목표를 달성했으면 다음

주 공부로 넘어간다.

· 한 달 공부가 끝났을 때 놀지 않고 열심히 했음에도 스케줄이 밀렸

다면 계획이 잘못된 것이므로 수정, 개선한다.

철저하게
기록하며
공부하라

최종 목표를 세우고, 세부 목표로 쪼개고, 일일 공부 계획까지 구체적으로 세웠는가? 그러면 이제 계획을 실행할 차례다. 우리가 붉은 깃발만 보고 달려가는 투우의 소처럼 오로지 목표만 보고 돌진하여 계획을 모두 지킨다면 얼마나 좋을까? 하지만 사람이기에 중간중간 흔들릴 수 있다. 따라서 계획을 실행하기 위한 다양한 도구와 방법이 필요하다. 계획을 잘 지키기 위한 도구로 나는 '메모'를 추천한다. 생각보다 메모의 힘은 강력하다. 그리고 우리의 기억력은 좋지 못하다. 깜빡 잊어버렸다는 사실에 충격을 받아 '다시는 이 느낌을 잊지 말아야지' 했다가도, 시간이 지나면 그 충격마저 잊어버린다. 그래서 메모하고 기록으로 남기는 것은 공부할 때 매우 도움이 된다. 그러면 무엇을 메모하고 기록해야 할까?

하루 일정
메모법

처음에는 매일 무엇을 했는지 스케줄러에 공부 일과를 기록한다. 공부한 양이나 시간을 기록해도 좋다. 오늘 하루 내가 달성한 분량을 적어두는 것이다. 목표를 달성한 날은 메모지 하단에 예쁜 스티커를 하나 붙여도 좋다.

일과 메모법 예시

월요일
☑ 오전 150쪽
☑ 오후 70쪽
☑ 저녁 1강 듣기
(완료)

화요일
☑ 오전 3시간
☑ 오후 2시간
☑ 저녁 5시간
(완료)

이렇게 한 달을 하고 나면 메모에 쓴 내용과 내가 공부한 결과가 한눈에 보인다. 만약 그간의 시간을 허투루 보낸 게 아닌지 의문이 들 때 메모를 보면 힘을 얻거나 자신에게 부족한 부분을 찾을 수도 있다. 또한 매일 내가 무엇을 했는지 기록하다 보면 자신감이 생기기도 하고, 앞으로 더 열심히 해야겠다는 의지가 샘솟기도 한다.

일기 같은
메모법

다음으로, 쉽게 말하면 짧은 일기 형식의 메모가 있다. 메모지나 포스트잇에 민법란/형법란/헌법란 등으로 나누고 각 과목을 공부할 때마다 느꼈던 점을 짧게 쓰는 것이다.

일기 메모법 예시

2023년 △월 ○일	2023년 ○월 △일
☑ 민법 1회독을 끝냄. 민법은 공부할 양이 많아서 끝까지 다 못 봄. 다음 2회독 때는 거꾸로 뒤에서 앞으로 책을 보는 게 좋겠다. 이번에 모의고사 성적은 대략 60점 나왔음. 다음엔 70점 정도를 목표로 하자.	☑ 민법 2회독을 끝냄. 1회독 때 못 보고 시간에 치였던 부분을 자세히 볼 수 있어 좋았음. 2회독 때도 성적은 60점대가 나옴.

내가 공부를 잘하고 있는 건지 아닌 건지 헷갈릴 때가 있다. 그럴 때 일기처럼 가볍게 공부한 분량과 느낀 점 등을 기록하는 것만으로도 답을 찾을 때가 있다. 메모해둔 것을 보며 스스로 잘한 점을 찾기도 하고 간혹 잘못된 방향을 찾을 때도 있다. 예를 들어 어느 날 공부량이 밀려서 민법 50쪽을 보지 못했다고 해보자. 그럼 다음 회

독 때 50쪽을 어떤 방식으로 추가해서 공부할지 일기 메모를 보고 아이디어를 캐치할 수 있다. 당시 왜 50쪽을 보지 못했는지 원인을 살펴보고 해결 방법을 찾을 수 있고, 다른 날의 일기 메모에서 비슷한 사례를 찾을 수도 있다.

일기 메모는 너무 자세히 쓸 필요는 없으며, 훗날 참고할 수 있도록 간단히 기록해두도록 하자.

공부에
강한 시간,
약한 시간

공부에
강한 시간

공부할 때는 종일 똑같은 컨디션일 거라고 예상하면 안 된다. 사람마다 공부가 잘되는 시간이 있고 안 되는 시간이 있다. '지피지기(知彼知己)면 백전백승(百戰百勝)'이란 말이 있듯이 공부가 언제 잘 되고 언제 안 되는지만 알아도 훨씬 효율적으로 공부할 수 있다. 따라서 공부하는 습관을 들이는 초반에는 언제 나의 컨디션이 최상인지 확인해야 한다. 강의를 듣거나 스터디원과 공부하는 것처럼 외부적인 요인을 활용하는 시간에는 내 공부 컨디션을 체크하는 게 의미가 없다. 혼자 독서실에서 공부하는 시간에 나의 공부 습관을 체크해보도록 하자.

공부가 잘되는 시간 체크하기

먼저 하루를 크게 세 구간으로 나눈다. 오전에 독서실에 도착해서 점심을 먹을 때까지 1구간, 점심을 먹고 들어와서 저녁을 먹을 때까지 1구간, 저녁을 먹고 집에 갈 때까지 1구간으로 나누고 공부한 시간을 각각 스톱워치로 잰다.

스톱워치로 시간을 잴 때는 자는 시간, 쉬는 시간, 화장실에 가는 시간 등은 모두 제외해야 한다. 그리고 한번 자리에 앉았을 때 몇 시간 앉아 있는지도 재본다. 공부가 잘되면 좀처럼 일어나지 않지만, 집중이 잘 안 될 때는 정신이 산만해져서 계속 일어나게 되며 스톱워치 스위치도 자주 누를 것이다.

이렇게 해보면 공부가 잘되는 시간과 공부가 잘 안 되는 시간의 차이가 확연하게 난다는 것을 확인할 수 있다. 나 같은 경우는 공부가 잘될 땐 최대 2시간 30분 정도까지 앉아 있었고, 공부가 잘 안 될 땐 50분 정도 공부를 하다가 쉬러 나가는 패턴이었다. 그리고 집중이 잘 되는 시간은 오전 시간과 저녁 밥을 먹은 이후였고, 공부하기 힘든 시간은 점심을 먹고 난 오후 시간이었다.

강한 시간의 공부 계획

자신의 공부 패턴을 관찰한 다음 공부가 잘되는 시간은 '강한 시간', 잘 안 되는 시간은 '약한 시간'이라고 하자. 이 두 가지 시간의 공부 목표를 똑같이 설정해서는 안 된다. 도저히 달성할 수 없는 목표를

강한 시간 체크 예시

○월 ○일 월요일

❶ 오전(7시~12시): 5시간
· 7시 10분~7시 50분
· 8시~10시
· 10시 10분~12시
　=총 4시간 50분 집중함.

❷ 오후(13시~18시): 5시간
· 13시~14시
· 14시 30분~15시 30분
· 16시~17시
· 17시 10분~17시30분
　=총 3시간 20분 집중함.

❸ 저녁(19시~23시): 4시간
· 19시~20시 30분
· 21시~22시
· 22시 10분~23시
　=총 3시간 20분 집중함.

결론: 오전에 제일 집중이 잘되었음. 오후 공부 시간을 줄이고 다른 시간대를 늘리는 게 내 리듬에 맞음.

세우고 하지 못했다고 스스로를 질책하는 것과 다를 바가 없다. 똑같이 3시간 동안 앉아 있다고 해서 그 시간 내내 집중해서 공부하는 것은 아니다. 같은 시간 동안 앉아 있었다고 해서 똑같이 100쪽을 공부하는 것도 아니다.

공부가 잘되는 시간과 안 되는 시간을 체크했다면 그에 맞게 공부 계획을 세우면 된다. 사람마다 공부할 과목이나 양이 다르겠지만 그래도 기준은 있다.

· 자신 있는 과목은 공부가 잘 안 되는 시간에, 자신 없는 과목은 공부가 잘되는 시간에 한다.
· 머리를 조금 덜 써도 되는 공부는 공부가 잘 안 되는 시간에 한다. 예를 들면 공부가 잘 안 되는 시간에는 문제 풀이, 기본서 정리, 강의 듣기 등을 할 수 있다.
· 적극적으로 머리를 써야 하는 공부는 공부가 잘되는 시간에 한다. 예를 들면 심화 공부나 암기, 예습과 복습을 하면서 책을 읽는 공부를 할 수 있다.

강한 시간과 약한 시간의 공부 목표는 1.5배에서 크게는 2배까지도 차이가 날 수 있다. 하루에 공부할 총량을 정해놓고 오전, 오후, 저녁 시간의 비율을 4.5 대 3.5 대 2 정도로 배분해도 좋고 5 대 2 대 3으로 해도 좋다. 공부량의 배분은 시간을 기준으로 하지 말고 양을 기준으로 해도 좋다. 공부가 잘 안 되는 시간에는 2, 공부가 잘되는 시간에는 5의 비율로 양을 배분해도 실제로 앉아 있는 시간은 아마 비슷할 것이다.

이렇게 기본 계획을 세워두고 여기서 더 공부할 수 있으면 기분

좋게 공부를 마무리하고, 간신히 해냈다면 그것만으로도 목표는 성공한 것이다.

약한 시간
공략법

공부가 잘되는 시간은 말 그대로 공부가 잘 된다는 뜻이므로 지금처럼 하면 된다. 그런데 공부가 잘 안 되는 시간도 버리면 안 되므로 공부가 잘 안 되는 시간을 잘되는 시간으로 만들어야 한다. 즉 공부 패턴을 바꾸며 약한 시간 공략법을 시도해야 한다.

일단 공부가 잘 안 되는 시간은 최대한 줄인다. 너무 당연한 말 같지만 그런 시간은 최대한 물리적으로 줄이는 것이 좋다. 예를 들어 점심을 먹은 오후 시간에 공부가 제일 안 된다면 최대한 오후 시간을 줄이는 것이다. 오전 공부를 오후 1시 또는 2시까지 하고 점심 식사를 최대한 늦게 먹는다. 그리고 저녁 식사를 당겨서 5시나 6시쯤에 먹는 식으로 계획을 세운다.

외부 요인을 활용하라

오랜 시간 앉아 있어도 공부가 잘되지 않는다면 독서실에 혼자 앉아 있기보다는 새로운 자극을 줄 수 있는 외부적 요인이 많은 곳을 찾아 그곳에서 공부해도 좋다. 가끔 익숙한 환경을 바꾸면 공부가 잘되는 경우가 있다.

혼자서 독서실에 앉아 있는 게 어쩐지 동기부여가 안 된다면 카페나 도서관 같은 곳에서 사람들에게 둘러싸여 공부하는 것도 좋다. 이 방법은 내가 써본 것으로, 카페이긴 해도 고시촌이라 그런지 공부하는 사람이 많기도 했고 독서실만큼 집중되지는 않았지만 기분 전환하며 공부하는 게 더 좋았다. 도저히 혼자 공부하지 못하겠다 싶으면 온라인 강의를 듣는 것도 방법이다. 스터디 그룹을 만들어 그 시간에 다른 사람들과 함께 공부하면 졸려도 자지 않고 버티는 연습을 할 수 있다.

나는 오전과 저녁에는 주변에 시선이 덜 가는, 칸막이가 있는 독서실에서 공부했고 그때는 집중이 잘 되었다. 그런데 오후 시간에는 오히려 칸막이 때문인지 공기 순환도 되지 않고 나를 쳐다보는 사람도 없어서 졸음이 쏟아져 도저히 집중할 수 없었다. 그래서 점심 이후 시간에는 개방된 자리가 있는 도서관이나 카페에 가서 겨우 공부했다. 도서관은 학생들이 지나다니며 서로를 볼 수 있었기 때문에 약간 긴장도 되고, 쉽게 엎드려 잘 수 없었다.

요즘은 일반 카페에서도 도서관처럼 칸막이를 두기도 하고, 스터디 카페 같은 곳은 여러 자리를 선택해서 앉을 수 있다. 상황에 따라 자신에게 맞는 환경을 찾아 공부하자. 공부하기 어려운데도 억지로 앉아 있으려고 하면 역효과가 날 뿐이다.

30분 공부법

공부가 잘 안 되는 시간에는 1시간씩 앉아 있는 것도 참 힘들다. 너무 졸리기도 하고 엉덩이가 들썩거려서 앉아 있기가 어렵다. 그럴 때 쓰는 나만의 특별 공부법이 있는데 바로 '30분 공부법'이다.

이상하게 공부하기 정말 싫은 이 마음이 제일 부풀어 오를 때가 있다. 쉬고 나서 책상에 앉은 바로 그 직후다. 밥을 먹고 들어왔을 때, TV를 보고 들어왔을 때, 친구랑 신나게 놀고 들어왔을 때가 공부하기 싫은 마음이 가장 극대화된다. 이럴 때 나는 '그래, 더 놀아도 되는데 일단 30분만 공부하자'라고 마음속으로 되뇐다. 그러면 놀라운 일이 발생한다. 괴로운 30분을 버티고 나면 그때부터는 공부하기 싫은 마음이 눈 녹듯 사라진다.

관성의 법칙은 하던 일을 계속하게 되는 물체의 운동 원리다. 어쩌면 이 법칙이 공부하는 사람에게 적용되는지도 모르겠다. 처음에는 쉬거나 놀다가 자리에 앉은 것이므로, 앉아서 공부하는 게 낯설고 힘들다. 하지만 몇 분 정도 앉아서 공부하다 보면 저도 모르게 공부하는 게 익숙해져서 그대로 쭉 공부하게 된다.

실제로 공부하기 싫었던 마음도 없어져서 30분 뒤에 다시 놀러 나가거나 스마트폰을 보고 싶은 생각도 사라진다. 실제로 내가 해봤더니 10번에 9번은 그랬다. 이 방법을 쓰고도 공부가 하기 싫고 잠이 계속 오는 경우는 30분이라도 공부했으니 조금 쉬거나 자면 된다. 30분도 버티기 힘들면 10분 공부법으로 바꿔 시도해봐도 좋다.

공부하기 싫은 마음은 책상에 앉아야 하는 그 순간에 가장 크게 올라왔다가 공부를 하면서 점점 줄어든다. 사실 공부가 100퍼센트 재미없거나 괴롭기만 한 게 아니다. 진도를 나갈수록 성취감을 느끼고 모르는 걸 알게 되면서 느끼는 배움의 즐거움도 있다. 하지만 쉬고 와서 공부를 다시 시작하려고 하면 갑자기 부정적인 감정이 올라오면서 공부하기 싫은 마음이 커지는 것이다.

이 30분 공부법은 나 혼자만 썼던 꿀팁은 아니다. 의사 고시를 본 지인 한 사람도 비슷한 이야기를 한 적이 있다. 공부가 진짜 하기 싫은 그 순간에 10분만 공부하면 그때부터는 좀 전에 무슨 생각을 했는지도 모르고 공부하게 된다고 말이다. 그래서 그는 과외를 할 때 학생에게 딱 10분만 참고 공부해보라는 조언을 많이 했다고 한다.

공부를 시작하는 순간에는 악마의 유혹이 찾아온다. 그 시간만 잘 버티면 오늘 하루도 무사히 버티고 넘어갈 수 있다. 스스로에게 딱 30분만 앉아서 공부하자고 해보자. 30분이 지나면 다시 나가서 놀라고 해도 놀고 싶은 마음이 들지 않을 것이다.

최적의
공부 루틴을
찾아라

내 공부 체력
체크하기

체력을 하루아침에 바꾸는 건 사실상 불가능한 일이다. 따라서 지금 내 체력에 공부 스케줄을 맞춰야 한다. 공부가 잘되는 시간대에는 평소에 어려웠던 것, 하기 싫었던 것들을 공부하는 것이다. 공부가 잘 안 되는 시간대에는 상대적으로 쉽고 재미를 느끼는 것들을 공부한다.

공부하기로 마음먹었다면 공부가 잘되는 시간대는 최대한 늘리고, 공부가 잘되지 않는 시간대는 최대한 줄여야 한다. 나 같은 경우는 오전부터 점심을 먹기 전까지가 공부가 제일 잘되었기 때문에 아침에 최대한 빨리 독서실에 가서 9시 전부터 공부하기 시작했고 일부러 점심을 늦게 먹었다. 점심을 먹은 다음부터는 잠이 쏟아지고 집중이 잘되지 않았기에, 저녁을 일찍 먹고 저녁 공부 시간을 늘리는 식으로 점심 이후의 시간을 줄였다.

이렇게 해서 만들어진 최적의 스케줄이 오전 9시에 공부를 시작해서 점심을 오후 1시 30분이나 2시쯤 먹는 것이었다. 공부가 잘 안 되는 오후 시간은 아무리 줄여도 힘들었다. 적어도 순수하게 공부하는 시간을 2시간 30분에서 3시간 정도는 만들고 싶었는데, 효율적이지 않았고 그 시간조차 앉아 있지 못하는 날이 태반이었다.

오후 공부 시간의 최적 루틴을 어떻게 하면 만들 수 있을지 고민이 되었다. 밥을 먹고 독서실로 가는 그 시간이 가장 싫었다. 독서실에 들어가기 싫어서 밥을 먹고 산책으로 주변을 한 바퀴 돌거나, 커피를 마시러 가거나, 괜히 지나가는 친구를 붙잡고 이야기를 하는 등 들어가는 시간을 최대한 늦추려고 했다. 햇볕이 따뜻하고 가장 밝은 시간대에 혼자 어두컴컴한 독서실로 가려고 하니 발이 잘 안 떨어졌다. 그리고 이상하게도 독서실이 가장 휑한 시간이 바로 오후 시간대였다. 이런 상황들을 겪으면서 점심을 먹고 독서실로 돌아와 자리에 앉을 때까지의 시간이 버리는 시간이라는 걸 알게 되었다. 이 버리는 시간을 다시 살려야겠다고 생각했다.

일단은 그 시간대가 제일 공부하기 어렵고 에너지가 없는 시간임을 인정하기로 했다. 그리고 그에 맞춰 다음과 같이 루틴을 재설정했다.

순서 바꾸기

사실 점심 밥을 먹는 시간은 1시간도 안 된다. 그렇지만 밥을 먹고 들어와 양치하고 커피를 마시고 자리에 앉으면 1시간 30분은 훌쩍 지나 있다. 그래서 순서를 바꾸었다. 원래대로라면 점심을 먹고 커피를 마시고 양치한 뒤에 의자에 앉았는데, 점심을 먹고 먼저 자리에 앉아 30분 공부한 뒤 커피를 마시고 양치하는 것으로 바꾸었다.

점심 → 커피 → 양치 → 착석

↓

점심 → 착석(30분) → 커피 → 양치

딴짓을 하는 것은 괜찮지만 그전에 적어도 30분은 무조건 공부하도록 루틴을 설정한 것이다. 스톱워치를 켜놓고 무조건 30분은 책을 봤다.

낮잠 자기

점심을 먹고 나서 공부가 가장 안 되었던 이유 중 하나는 잠이 쏟아졌기 때문이다. 이상하게 오전 시간이나 저녁 시간에는 잠이 잘 오지 않는데 점심시간이 지나면 유독 잠이 쏟아지는 느낌을 받았다. 이 피곤함을 참다 보면 조는 시간이 한없이 길어진다. 공부하는 것도 아니고 자는 것도 아닌 애매한 상태로 말이다. 그래서 낮잠을 자

는 것도 루틴에 넣기로 했다. 그래서 바로 앞의 루틴에 더해 최종적
으로 완성된 오후 공부 루틴은 다음과 같다.

점심 → 착석(30분 공부) → 낮잠(30분) → 커피 → 양치 → 공부

공부하고, 낮잠 자고, 커피까지 마셔도 시간이 생각보다 많이 남
아 내게는 최적의 루틴이 되었다. 공부하러 들어가서 낭비되던 시간
도 살리고, 낮잠을 자는 것을 인정함으로써 잠을 쫓기 위해 허비했
던 시간(커피 마시고 산책하고 수다 떠는 것 등)도 살릴 수 있었다. 이렇
게 공부가 잘되는 시간과 안 되는 시간을 나누고, 공부가 잘되는 시
간에는 가장 오래 공부에 집중할 수 있는 환경을 만든다. 그리고 공
부가 잘 안 되는 시간에는 안 되는 원인을 파악한 뒤 이를 제거해 최
대한 집중할 수 있도록 계획을 세운다.

새벽에 공부가 잘되는 사람도 있다. 내 후배 중 한 사람은 새벽 5
시부터 공부를 시작한다고 한다. 그는 새벽에는 조용하고 독서실에
사람도 없어서 유튜브의 '스터디 윗 미' 영상을 틀어놓고 공부를 한
다. 오전에 많은 시간을 몰아서 공부하고 저녁에 공부 시간을 줄여
일찍 잠자리에 드는 패턴이었다. 본인이 일찍 일어나는 타입이라면
이와 같이 새벽 기상에 공부 스케줄을 맞춰도 좋다.

몇 시간 자야
합격할 수 있을까?

'공부할 때는 몇 시간을 자야 하나요?'

이 질문은 수험생들에게 언제나 핫한 주제다. 공부하는 친구들끼리 만나면 제일 먼저 하는 말이 "너 몇 시간 자냐?"라고 해도 과언이 아니다.

대체로 사람들은 하루에 순수하게 공부할 시간이 많이 나오지 않으면 가장 먼저 줄여야 하는 것이 수면 시간이라고 생각한다. 하지만 이는 매우 위험한 생각이다. 운동선수는 몸을 써서 점수를 내야 하는 직업이기에 컨디션 관리에 주력한다. 마찬가지로 수험생은 머리를 써서 점수를 내야 하는 직업이므로 뇌의 컨디션을 잘 관리해야 한다. 그러려면 뇌가 쉴 수 있도록 적정 수면 시간을 지키는 것은 정말 중요하다.

사람마다 적정 수면 시간은 다르다. 쇼트 슬리퍼(Shot Sleeper, 선천적으로 적게 자는 사람들. 밤늦게까지 깨어 있을 수 있으며 동시에 일찍 일어나는 사람들을 말한다) 같은 경우는 3~4시간만 자고도 공부할 수 있지만 이들의 패턴을 모든 사람에게 적용하는 것은 위험하다. 나도 쇼트 슬리퍼를 따라 해봤지만 역부족이었다.

어떤 서울대생은 공부할 때 밤 10~11시에 잤다고 했다. 늘 피곤함을 느끼는 시간이 밤 10시에서 새벽 3시 사이어서 10시까지 공부하고 잠자리에 들었다가 새벽에 일어나 공부한 뒤 다시 잤다. 그는 잠과 싸워가며 공부하는 것이 의미가 없다는 사실을 일찍 깨닫고 자기에게 맞는 수면 패턴을 찾은 것이다. 그 말을 듣고 공부할 때 잠자는 시간을 줄이는 건 의미가 없음을 확신했다.

나에게 가장 잘 맞는 수면 시간 찾기

일부러 다른 사람을 따라 수면 시간을 줄일 생각을 하지 말고 내게 잘 맞는 수면 시간을 찾도록 하자. 우리가 줄여야 할 것은 잠을 자는 시간이 아니라 밥 먹고 친구랑 수다 떨며 노는 시간이다. 그런 시간만 줄여도 공부할 시간은 충분하다.

내게 맞는 수면 시간을 찾는 것은 초반에 이뤄져야 한다. 이것도 습관이기에 나의 최저치와 최고치를 찾아두고 평균치를 찾으면 된다. 나는 많이 자면서도 공부해보고 조금 자면서도 공부해봤는데 6시간 정도 잤을 때가 가장 좋았다(물론 컨디션에 따라 30분 정도의 차이는 있었다). 이보다 더 많이 자면 오히려 머리가 잠에서 안 깬 듯 덜 돌아간다는 걸 느꼈고, 이보다 적게 자면 종일 독서실에서 졸기 바빴다.

자기에게 잘 맞는 수면 패턴을 찾으라는 것이 반드시 푹 자라는 의미는 아니다. 정상적인 생활이 가능한 최소한의 수면 시간을 찾으라는 말이다. 많이 자면 공부할 시간이 부족하기도 하고, 오히려 머리가 잘 안 돌아가기도 한다. 공부를 처음 시작할 때 4시간, 5시간, 6시간, 7시간씩 자보면서 본인의 컨디션을 체크해보고 수면 패턴을

내게 맞는 수면 패턴 찾기

1~2일 차	3~4일 차	4~6일 차	결과
· 23시 취침, 7시 기상 · 많이 자서 잠에 취한 느낌. 오히려 더 자고 싶은 생각이 강해짐.	· 24시 취침, 5시 기상 · 피곤해서 집중이 되지 않았음. 공부를 늦게까지 할 수 없어서 효율성이 떨어짐.	· 24시 취침, 6시 30분 기상 · 몸의 찌뿌둥함이 없고 집중이 바로 됨. 피곤함도 덜 느껴짐.	· 수면 시간은 24시 · 기상 시간은 6시 30분 · 총 수면의 양은 6시간 30분이 최적임.
총 8시간 취침	총 5시간 취침	총 6시간 30분 취침	

파악하도록 하자.

남 따라 밤새우는 것은 금물

사법시험 2차는 나흘 동안 치르는 시험이다. 개중에는 나흘 꼬박 밤새워 공부하는 친구들도 있다. 나도 그 방법을 따라 하다가 시험에 떨어진 적이 있었다. 거의 잠을 자지 않고 나흘을 버티니 집중하기 힘들고 졸리기만 했다. 그리고 잠을 안 자고 공부했다는 심리적 만족감에 오히려 집중하지 못했다. 내가 쇼트 슬리퍼가 아니라는 것을 실전 시험을 치며 깨달은 셈이다. 수면 패턴을 찾을 때도 여러 경우를 기록하며 비교했다.

최적의 취침 시간
그리고 기상 시간

수면 시간도 중요하지만 기상 시간과 취침 시간도 체크해야 한다. 똑같이 7시간을 잔다고 해도 새벽 1시에 자서 오전 8시에 일어나느냐, 밤 11시 40분쯤에 자서 오전 7시에 일어나느냐는 큰 차이가 있다. 수면 리듬을 생각하라는 뜻이다.

나는 보통 밤 12시, 늦어도 새벽 1시 정도가 되면 갑자기 잠이 쏟아지는 걸 느꼈기 때문에 밤 11시 40분쯤 집에 가는 걸 원칙으로 세웠고 공부가 잘되어도 절대 새벽 1시를 넘기지 않았다. 그렇게 해야 다음 날 공부에 지장을 주지 않기 때문이다. 하루 공부가 잘된다고 오버 타임 공부를 했다가 갑자기 슬럼프에 빠지는 사람들이 많다. 그러니 적정한 시간에 끊어주는 것도 중요하다.

공부가 끝나면 독서실에서 나와 집에 가서 최대한 빨리 잠잘 준비를 하고 6~7시간 정도를 자고 일어났다. 독서실에서 집까지의 거리는 대략 7~8분 정도였다. 그리고 최소 오전 9시 전에 독서실에 가서 공부를 시작하는 것을 목표로 했다. 공부가 가장 잘되는 시간이 오전과 저녁 시간이었기 때문에 이 시간을 최대한 많이 확보하기 위해 정한 루틴이었다.

쉴 때는 오롯이
쉬기만 하라

쉬는 시간을 정하는 것도 중요하며 쉴 때도 정형화된 루틴이 필요하다. 우선 휴식 시간이 '놀기 위해' 있는 것이 아니라 '쉬기 위해' 있는 것임을 명심해야 한다. 노는 것은 얼마간의 에너지가 필요하다. 즉 휴식 시간은 공부하기 위한 재충전의 시간이지, 여가나 유흥을 위한 시간이 아니라는 뜻이다.

우선 쉬는 주기를 어떻게 짜야 할까? 3시간을 공부하고 30분 쉴 것인지, 1시간을 공부하고 10분 쉴 것인지 등 본인에게 맞는 패턴을 찾으면 된다. 나는 집중할 수 있는 시간이 최대 1시간 30분에서 2시간이었기 때문에 1시간 30분마다 쉬는 것을 원칙으로 했다. 쉬는 주기가 짧다고 생각해 쉬는 시간은 최대 10분으로 잡았다.

자판기에서 커피를 뽑고 걷는 시간, 화장실 가는 시간을 따져보면 5분은 금방 지나가기 때문에 실질적으로 쉬는 시간은 5분이었다. 이 5분 동안은 독서실에 있는 휴게실에 가서 TV를 봤다. 앉아서 보면 5분 뒤 일어나지 못하므로 항상 서서 봤다.

내가 아는 한 사람은 쉬는 시간에도 소설 책만 보며 정적인 시간을 보냈다. 쉬는 시간에 영상을 보거나 음악을 들으면 갑자기 뇌에 자극이 커져서 공부를 다시 해도 머릿속에 영상이나 음성의 잔상들이 남아 집중이 잘 안 된다고 했다. 이렇듯 쉬는 주기와 쉬는 시간은 모두 공부를 하기 위한 뇌의 휴식 시간이자 재충전 시간이라는 목적의식을 잃지 말고 그에 맞춰 설정해야 한다.

주말도 마찬가지다. 주말은 주중 공부를 위한 에너지 재충전의 시간이지, 그저 놀기 위한 시간이 아니다. 주말에 술을 과하게 마신다거나 신체적으로 에너지를 많이 쓰는 활동을 해서 주중 공부에 지장이 생긴다면 이는 목적이 전도된 주말이다. 평소 주말에 어떤 활동을 해야 주중에 공부가 더 잘될지 생각해보자. 예를 들면 다음과 같다.

· 토요일 밤에 좋아하는 예능을 보면서 맥주 한 캔 마시기
· 삼겹살은 공부할 때 먹으면 배부르고 더부룩하니까 참다가 주말에 먹기
· 매운 음식은 공부할 때 먹으면 속이 아프니 참다가 주말에 먹기
· 책 한 권을 끝내면 친구를 만나 이야기하며 스트레스 풀기

나만의 전투복을 마련하라

나는 공부하는 동안 늘 운동복에 슬리퍼만 신고 다녔다. 우선 옷을 다양하게 입지 않은 이유는 무엇을 입을지 매일 고민하는 것도 시간 낭비라고 생각했기 때문이다. 그리고 이 옷을 입으면 당연히 공부한다는 반응이 나오도록 하고 싶었다.

마치 종을 칠 때마다 먹이가 나오는 줄 알고 침을 흘리는 '파블로프의 개'처럼 말이다. 그 옷과 신발은 수험 당일에도 입고 신었다. 이미 유명한 이야기지만 스티브 잡스(Steve Jobs)와 마크 저커버그(Mark Zukerberg)도 한 가지 대표적인 의상을 정해서 입었다.

내가 운동복을 선택했던 이유는 몸을 움직일 때 소리가 나지 않아 독서실에서 입기 좋았기 때문이다. 그리고 적당히 오버핏이라 몸을 불편하게 하지 않았다. 공부할 때 입을 자기만의 전투복을 마련하자. 그 옷을 입음으로써 마음도 잡고, 뭘 입어야 할지 고민하다 시간을 버리지 않도록 하자.

스터디를
효율적으로
활용하는 법

공부할 때 스터디 그룹에 참여하는 것이 도움이 되는지 아닌지에
대한 논쟁은 뜨겁지만 사실 정답은 없다. 혼자 공부하는 것만으로도
부족함을 느끼지 않는다면 굳이 스터디를 할 필요는 없다. 즉 선택
의 문제일 뿐 필수는 아니다. 필요하다고 느끼는 부분만 골라서 스
터디를 해도 된다. 예를 들어 혼자 공부할 때 도저히 이해가 안 되는
과목이 있다면 해당 과목만 공부하는 스터디에 가입한다든지, 모의
고사를 풀 때 좀 더 긴장감을 느끼고 싶다면 모의고사에만 집중하
는 스터디에 가입하는 등 상황에 따라 선택하면 된다.

　혼자서 공부할 땐 과연 잘하고 있는 것인지 확신이 서지 않고 불
안감이 생긴다. 다른 사람들은 어떻게 공부하고 있는지 잘 모르기
때문이다. 그리고 집단의 상위권 몇 퍼센트만 합격하는 것이 시험이

다 보니 내가 상위권이 되기 위해서는 평균을 알아야 한다.

나 역시 이런 이유로 스터디에 가입했고 다른 사람들이 어느 정도 공부하고 있는지 알아보려고 했다. 스터디 구성원들을 보면 나와 같은 공부를 하는 사람들이 어떤 환경에서 어느 정도까지 하는지 대략 확인할 수 있어 불안이 줄어들었다.

또 혼자서 공부할 땐 나도 모르게 긴장이 풀어지기 마련이다. 어느 정도의 경쟁심이 있어야 긴장감이 유지된다. 나도 공부할 때 '이만하면 됐지' 하다가도, 스터디를 하면서 나보다 더 잘하는 친구들을 보며 긴장한 적이 한두 번이 아니었다. 혼자서만 공부하면 내 수준에 대한 객관적인 시각을 확보하기 어렵다. 따라서 객관성을 유지할 방법으로 스터디를 적극적으로 활용할 수 있다.

나처럼 혼자 공부하며 필요할 수 있는 스터디 종류를 소개하면 다음과 같다.

의지박약형을 위한
생활 스터디

나는 자꾸 의지가 나약해지는 것을 막기 위해 생활형 스터디를 활용했다. 즉 '의지박약'을 타파할 수 있는 스터디다. 가장 효과가 좋았던 것은 생활 스터디라고 해서, 서로 공부 습관이나 그 시간을 크로스체크해주는 스터디였다. 오전에 독서실에 도착하는 시간을 체크하거나 오후 시간대에 모여 같이 공부하고 문제를 풀어본다.

생활 스터디는 '출석 체크'용과 '진도 체크'용으로 나뉜다. 같이 어떤 과목을 공부하는 것이 아니라 생활 전반을 체크하는 것이다. 생활 스터디는 혼자서 공부하는 경우 의지가 나약해지기 쉬우므로 서로 관리 감독하며 자신과 한 약속을 지키게 해주는 보조적인 기능을 한다고 생각하면 된다.

먼저 출석 체크용 생활 스터디를 알아보겠다. 예를 들면 독서실 또는 도서관에 도착하는 오전 9시부터 1시간 동안 공부를 함께 하는 것이다. 공부는 각자 하되 출석 체크를 하는 개념이다. 지각하면 벌금을 내서 나중에 밥 한 끼 정도 같이 먹었다. 경쟁심도 생기고 돈이 아깝기도 하니, 자연스럽게 좀 더 일찍 독서실에 도착하게 되어 매우 유용했다.

이처럼 가장 취약한 시간대를 극복하고 공부 방법을 찾기 위해 스터디를 활용할 수 있다. 나는 아침에 일어나는 것이 힘들어서 자꾸 늦게 독서실에 도착하는 것이 싫었다. 그래서 오전에 공부를 함께 하는 스터디에 참여했다. 우리 팀은 9시부터 시작이었는데 우리 옆 테이블에서 하는 스터디 팀은 8시에 시작했다. 그 모습에 자극을 받아서 나 혼자 8시부터 10시까지 그 독서실 테이블에서 공부했던 적도 있었다. 이때 공부가 제일 잘되었다. 아침 일찍 가는 것뿐만 아니라 졸린 시간대, 공부가 잘 안 되는 시간대 등에 스터디를 이용하는 것도 도움이 된다.

또한 진도 체크용 생활 스터디가 있다. 공부 분량이나 서로 진도가 다르겠지만 각자 정한 스케줄과 실행한 것들을 카카오톡 단체방에 올리는 것이다. 스스로 약속을 지키지 못했으면 페널티를 부과한다. 같은 공부하는 친구들은 다 진도를 나가고 있는데 나만 그러지 못하고 있다면 당연히 긴장될 수밖에 없다.

기출문제 풀이
스터디

　　　　　　　모의고사 기출문제는 대부분의 사람들이 풀기 때문에 스터디원을 구하기가 어렵지 않다. 기출문제 스터디는 시험에 합격한 사람이 주체가 되기도 하고, 비슷한 수준의 사람들끼리 모여서 함께 문제를 풀기도 한다. 공부를 막 시작해서 아무것도 감을 잡지 못하는 상황이라면 이미 시험에 합격한 사람이 주도하는 스터디 그룹에 가는 것이 좋다. 어느 정도 실력이 쌓였고 아깝게 떨어진 경험이 있다면 내가 가르칠 수 있는 사람들이 있는 스터디에 들어가는 것이 좋다.

나도 시험에 한 번 떨어진 후 모의고사 스터디를 했던 적이 있다. 이미 시험을 치른 경험이 있지만 다른 사람들은 이제 막 시작하는 시기였기에 다소 실력 차이가 있었다. 어떻게 보면 경쟁자인 그들에게 내가 아는 것을 알려준다는 게 별로 좋지 않다고 생각할 수 있겠지만 오히려 반대였다.

기출문제를 풀고 틀린 것을 체크한 다음 한 명씩 돌아가면서 틀린 문제를 설명하는 방식으로 스터디를 했는데, 문제집에 답 체크가 잘못되어 있는 경우는 내가 확인해서 알려주기도 했다. 왜 틀렸는지, 어떤 부분이 매력적인 함정이었는지 등을 설명하다 보니 오히려 공부를 더 많이 해야 했다. 아는 것을 말로 설명하려면 더 많이 알아야 하기 때문에 자연스럽게 더 많이 공부하게 되었다. 또한 기출문제 스터디를 하면 일단 다른 사람들과 진도를 맞춰야 해서 내 공부가 밀리지 않는다는 장점이 있다.

아웃풋
스터디

아웃풋 스터디는 시험에 임박해서 하기에는 시간이 너무 많이 들고 공부를 이제 막 시작했을 때 하기 좋은 스터디다. 기간을 1년으로 보면 대략 D-365일부터 D-250일 정도까지다. 모의고사나 기출문제 등을 풀어보고 난 후에 틀린 것을 왜 틀렸는지 한 명씩 돌아가면서 마치 강사처럼 설명하는 것이다. 혹은 기본서의 분량을 정해서 자신이 이해한 부분을 짧게 설명한다. 수동적으로 받아들이는 공부만 하는 것이 아니라 적극적으로 내뱉는 시간을 가져보는 것이다. 따라서 공부에 재미를 붙일 수 있고, 설명한 부분은 훨씬 깊이 이해할 수 있다.

공부를 시작한 초반에 아웃풋 스터디를 하면 내가 입 밖으로 내뱉어 설명했던 부분은 이해도가 훨씬 올라가기 때문에 쉽게 잊어버리지 않는다.

그 외에도 다양한 스터디가 있다. 앞서도 말했지만 반드시 스터디에 가입할 필요는 없다. 다만 정보 얻기나 수험 생활에서 혼자 할 수 없는 부분이 있다면 자신에게 맞는 스터디를 선택해서 필요한 것을 얻어가면 된다. 중요한 점은 공부의 중심은 언제나 '나'라는 점이다. 자칫 분위기나 관계에 떠밀려 내 공부까지 방해받는 일은 없도록 해야 한다.

강의가
공부의 중심이
되지 않도록

강의에 대한
환상 깨부수기

　　　　　모든 고시 공부는 나 혼자 외롭게 하는 공부다. 학교나 선생님이 지도하고 이끌어주듯 나를 이끌어주는 무언가가 없다. 내가 스스로 계획을 세우고 무엇을 어떻게 공부할지 정해야 한다. 그렇게 혼자 공부하다 보면 자칫 방향을 잘못 잡을 수도 있어서 강의는 한 번 들어보는 게 좋다.

　그렇지만 대부분 강의는 양이 지나치게 많다. 보통 한 과목에 대한 기본 강의는 두 달에서 석 달 치 커리큘럼으로 구성되어 있고, 과목이 3~4개가 일반적이기 때문에 기본 강의만 들어도 1년이 훌쩍 가버릴 수 있다. 하루에 강의를 2~3시간만 듣는다고 해도 강의실까지의 이동 시간, 강의 예습과 복습에 들어가는 시간까지 포함시키면 조금 벅찰 수 있다.

학원의 오프라인 강의는 시험 일정에 맞춰져 있으니 '강의만 잘 따라가도 합격할 수 있는 건 아닐까?'라고 생각할 수도 있다. 하지만 강의만 듣다 보면 스스로 암기하고 내 것으로 만드는 시간이 턱없이 부족해지므로 학원의 모든 강의를 듣는 것은 추천하지 않는다. 그보다는 스스로 하는 공부를 중심에 두고 필요한 경우 강의를 활용하는 게 좋다.

나는 사법시험 2차 공부를 할 때 종일 강의를 듣고 독서실에 와서 개인 공부를 하는 게 힘들었고 매번 진도가 밀렸다. 그리고 결국 그해 시험에 떨어졌다. 다음 해 시험에 도전했을 때는 시간을 아끼기 위해 이해되는 과목, 1차와 겹치는 과목 등은 강의를 듣지 않았다. 그리고 학원을 오가는 시간이 아까워서 온라인 강의로 내가 모르는 부분만 발췌해 들었다. 이렇게 필요한 부분만 선택해서 듣는 게 오히려 더 많은 도움이 되었다.

강의는 듣되 최소한으로 활용하는 것이 좋다. 모르는 부분을 이해하기 위한 용도로 활용하되 강의에 끌려다니지 않도록 하자. 강의를 들으면 시험 경향을 알 수 있으므로 기본 강의를 한 번 정도 듣고, 시험이 임박해 불안할 경우 핵심을 알려주는 강의를 추가로 수강하는 것도 좋다.

강사와 강의 선택은
대세를 따라라

그러면 어떤 유형의 강사를 선택해야 할까? 사실 시험마다 유명한 강의와 강사가 다르기에 딱 무슨 무슨 강의, 누구 누구라고 말하기는 어렵다. 그렇지만 강의를 고를 때 굳이 위험한 길을 갈 필요는 없다. 강의나 강사 선택에 확신이 없으면 이른바 '1타 강사' 같은 대세를 따라 선택하는 게 좋다. 유독 소수만 듣는 강의를 선택하면 대세에서 벗어난 공부를 하게 될 수 있다.

예를 들어 1타 강사가 설명하지 않은 부분에서 불의타(예상치 못한 뜻밖의 불이익이라는 의미를 가진 민법상 용어로, 예상하지 못했던 문제가 나오는 것을 뜻하는 수험생들의 은어)가 나왔다면 대다수가 못 맞힐 확률이 높다. 그런데 1타 강사는 설명했는데 비주류 강사가 설명하지 않은 부분에서 불의타가 나왔다고 하면, 남들은 다 아는 걸 나 혼자서만 몰라 틀린 셈이다. 따라서 강사에 대한 호불호가 특별히 있는 게 아니라면 가장 유명한 강사의 강의를 선택하는 것이 안전하다.

여기서 강사가 어떤 책을 가지고 강의하는지도 잘 봐야 한다. 강의하는 기본서는 모든 내용을 다 담고 있어야 하며(중요하지 않은 건 내가 줄이면 되지만 없는 걸 추가하는 건 상당히 힘들기 때문이다) 깔끔하게 정리되어 있어야 한다. 물론 이때도 위험 부담을 질 필요는 없기에 대세라고 판단되는 책 중 하나를 선택하는 게 좋다.

특히 기본 과목 강의를 하면서 참고 서적으로 암기서나 축약본을 사용하는 강의는 추천하지 않는다. 핵심 내용이 빠져 있는 경우가 있을 수 있기 때문이다. 만약 모든 내용이 다 들어 있다고 해도 무리해서 양을 줄이는 경우 논리적인 흐름이 보이지 않기 때문에 양은 줄었지만 내 공부 시간이 늘어날 수 있다. 따라서 최대한 모든 것을 담고 있는 책이 좋고, 그 책에서 내가 알아서 줄여나가는 것이 훨씬 안전하다. 일단은 직접 기본서를 선택하고, 그 기본서로 강의하는 강사 중 취향껏 선택하면 된다.

누가 베스트라고 말하기 어렵지만 꼭 피해야 하는 강의가 있다. 바로 재미있기만 한 강의다. 팩트를 말하자면, 공부는 절대 재미있을 수 없다. 혹시 수업 내용보다 다른 잡다한 이야기가 더 많아서 재미있다고 느낀 건 아닌지 생각해봐야 한다. 그리고 강의할 때 깊게 파고들어 가르치는 게 아니라 얕은 수준에서만 가르쳐서 개념이 쉽고 별것 아닌 것처럼 여겨지는 경우도 피해야 한다.

이런 강의를 들으면 공부가 쉽고 재미있고 이해도 잘 되지만 막상 시험 문제를 풀어보면 결과가 나쁜 경우가 많다. 나도 그런 경험이 있다. 사법시험 2차 공부를 할 때 한 강사가 목소리도 좋고 강의도 재미있어 인기가 많았다. 그 강사의 강의를 들으러 갈 때마다 기분이 좋았고 집중도 잘되었는데 이상하게 점수가 가장 안 나왔다.

왜 그럴까 생각해봤더니 강의의 수준이 맞지 않았던 것이었다. 시험에는 난이도 '상'의 문제가 나오는데 강의는 '중' 정도의 수준이었다. 그걸 모르고 학원에서 배우는 것만 알면 합격할 수 있을 줄 알

왔다. 내 착각이었다. 그 강의를 듣고 시험까지 잘 보려면 나 혼자 공부해서 난이도를 '상'까지 끌어 올렸어야 했는데, 나는 '중'이 전부인 줄 알고 공부를 '중' 또는 '하' 수준에서만 한 것이다.

강사는 내가 모르는 부분을 잘 가르쳐주는 사람이지, 내가 아는 부분을 재미있게 가르쳐주는 사람이 아니다. 내가 아는 부분만 알려주는 강의라면 재미있을 수는 있지만 실질적인 도움은 되지 않는다. 강사의 수업은 내가 이해할 수 있는 것보다 한 단계 높아야 한다. 스스로 공부해도 충분히 이해할 수 있는 내용이라면 그 부분은 굳이 수업을 들을 필요가 없다.

예습으로 강의의
효율을 높여라

혼자 공부해도 이해되는 것이 50퍼센트, 강의를 들어서 이해되는 것이 30퍼센트, 강의를 들어도 이해되지 않는 것이 20퍼센트라고 하자. 그러면 강의를 들어서 이해되는 부분 30퍼센트와 강의를 들어도 이해되지 않는 부분 20퍼센트의 진로를 최대한 집중해서 들어야 한다. 혼자 공부해도 이해되는 50퍼센트는 굳이 집중해서 들을 필요가 없다.

집중하는 게 나쁜 건 아니다. 상대적으로 쉬운 부분은 아무래도 알아듣는 게 많으니 몰입해서 볼 확률이 높다. 그러나 막상 어렵고 이해가 잘 안 되는 파트의 강의가 시작되면 집중력이 흐려지면서 '지금까지 열심히 들었으니 좀 딴생각을 해도 괜찮겠지'라는 마음이 들고, 그러면 사실상 강의를 듣는 의미조차 사라진다.

이를 예방하기 위해 온라인 강의를 들을 때 예습을 하는 것도 좋은 방법이다. 예습할 때는 시간을 오래 들여 열심히 볼 필요가 없다. 책을 한 번 쓱 읽어보고 어렵거나 복잡해 보이는 부분을 미리 표시해두는 정도면 충분하다. 강의를 들을 때 매번 100퍼센트 집중해서 들을 수 없으므로 예습 시간에 미리 표시해둔 부분이라도 집중해서 강의를 듣자는 의미다.

이렇게 강의를 들을 때 집중의 정도를 상·중·하로 나눠 듣는 것도 좋은 방법이다. 혼자 공부하기 어려운 부분 때문에 강의를 듣고 있는 것이라는 사실을 잊으면 안 된다.

· 먼저 눈으로 훑어보면서 충분히 이해되는 파트라면 관련 강의는 들을 필요가 없다.

· 예습할 때 모르는 것을 표시해보고 모르는 부분을 잘 설명하는 강의라면 들어도 좋다.

· 강의를 들을 때 재미있고 쉬운 강의보다는 다소 어려운 느낌이 드는 강의를 선택하는 것이 좋다.

기본서
딱 한 권으로
공부하기

여기서는 공부의 양을 줄이는 방법, 아니 정확하게 말하면 앞으로 공부할 분량을 늘리지 않는 방법을 소개하고자 한다. 바로 많은 책의 내용을 단 하나의 기본서에 정리하는 '단권화 방법'이다.

모든 책을 딱
한 권으로 만든다면

일반적으로 처음 공부를 할 때는 기본서를 하나 정해서 강의를 듣고 공부한다. 그런데 시험이 다가올수록 기출 문제집, 암기서, 요약본 등 다양한 책들을 마주하게 된다. 기본서는 모든 내용을 담고 있기에 양이 많으니 기본서를 본 뒤에 암기서, 요약본으로 바로 넘어가는 게 맞을까? 그러면 한 번 살펴본 기본서는 다시 안 보는 게 맞을까? 헷갈리기 시작한다. 책을 한 번 본다고 다 암기할 수 없는 건 누구나 아는데 몇 번이나 보는 게 맞는 건가 싶다.

그럴 땐 딱 하나에 집중하는 게 좋다. 즉 처음 고른 두꺼운 기본서를 시험 전날까지 볼 거라고 생각하라. 이후 등장할 암기서, 요약본은 99퍼센트 확률로 사지 말아야 한다(1퍼센트의 확률은 당신이 기본서 정리에 실패했을 때의 차선책이다).

앞서 잠깐 언급했지만 '회독'이라는 표현은 책 전체를 한 번 공부했다는 뜻이다. 즉 책을 보기 시작했다면 처음 볼 때를 1회독, 두 번째 볼 때를 2회독, 세 번째 볼 때를 3회독이라고 표현한다. 책을 볼 때는 1회독, 2회독, 3회독까지를 기본으로 해야 한다.

왜 그럴까? 사람의 눈은 기존에 보던 책에 더 빨리 적응한다. 내용과 책 판면, 구성 요소에 적응하면 암기도 더 빨리 된다. 500쪽짜리 두꺼운 기본서를 한 번 보고 나서 또다시 300쪽짜리 요약본을 보는 건 비효율적이다. 500쪽짜리를 한 번 더 보는 게 300쪽짜리를 처음 보는 것보다 시간이 덜 걸리고 효율도 더 좋다. 그리고 300쪽짜리 요약본을 본다는 건 극단적으로 말하면 지금까지 500쪽짜리 기본서를 봐온 시간을 버리겠다는 뜻이나 다름없다.

처음 책을 보면서 새로운 내용을 접할 때 우리는 가장 의욕이 앞선다. 색색의 펜으로 줄을 그으면서 읽기도 하고 눈으로만 보기도 한다. 밑줄을 그으며 이해하기 시작한 것들이 당장 머릿속에 다 들어올 것 같다. 하지만 이것이 초보들이 가장 많이 하는 실수다. 보통 '한 번 책을 볼 때 시간을 많이 들여서 모두 외우는 게 좋지 않나요?' 라고 질문하는데, 나는 그렇게 생각하지 않는다.

그리고 이 질문은 처음부터 잘못되었다. 보통 사람은 뇌의 용량이 한정되어 있기에 많은 양을 모두 외울 수 없다. 특히 공부 분량이 많으면 많을수록 한 번에 모두 암기하는 것은 불가능하다. 처음부터 시간을 많이 들여 열심히 암기해봐야 뒷부분으로 넘어가면 앞에서 외웠던 게 전혀 기억나지 않는다. 정말이다.

처음 우리가 책을 볼 때 책의 내용과 우리의 기억 사이에는 짙은 안개가 끼어 있다. 아무리 열심히 본다고 해도 많아야 10~20퍼센트 정도밖에는 기억하지 못한다. 하지만 책을 보고, 다음 과목을 보고, 다시 이 책으로 돌아와서 펴보라. 그러면 끼어 있던 안개가 어느 정도 걷히고 책 내용이 선명하게 들어올 것이다. 하지만 안개는 여전히 있다. 아무리 열심히 봐도 이때 기억할 수 있는 것은 30~50퍼센트 정도다. 그리고 나서 다시 책을 보면 이제는 익숙해져서 기억나는 내용이 70~80퍼센트 정도 된다.

한 권의 책을 3번 반복해서 보려면 그 책은 완벽하게 모든 내용이 잘 정리되어 있어야 한다. 빠뜨린 내용이 있으면 끝까지 그 내용은 모르고 넘어가기 때문이다. 문제는 그 어떤 기본서도 처음부터 모든 내용이 정리되어 있는 게 아니며, 개개인에게 딱 맞게 정리되어 있지도 않다는 점이다. 문제집을 집필하는 기관, 강사, 출판사마다 전문 분야나 시각이 다르기 때문이다.

가장 효율적으로 공부하기 위해서는 내 눈에 익숙한 책 한 권을 잘 만들어야 한다. 바로 이 작업이 '단권화'다. 단권화의 목표는 많은 분량의 내용을 빠르게 반복 학습할 수 있도록 내게 잘 맞는 책을 만드는 과정이다. 이 단권화를 통해 기본서 한 권을 제대로 정리해서 공부하자. 궁극적으로는 시험 전날에 이 두꺼운 기본서를 1회독할 수 있도록 커스터마이징하자는 말이다.

기본서 정리는 어떻게 해야 할까? 간단하게 이야기하면 내가 아는 것은 없애고 내가 모르는 부분은 추가하면서, 나만의 오답 노트이자 모든 내용이 완벽하게 들어 있는 비밀 노트를 한 권 만드는 것이다.

우리의 목표는 시험 전날 기본서 한 권을 하루에 다 볼 수 있을 정도로 책을 완벽하게 정리하는 것이다. 이렇게 만들면 그 책이 암기서가 되고 요약본이 된다. 다른 책을 살 이유가 없다.

세상에 단 하나뿐인
기본서 만들기

핵심 내용에 각기 다른 색으로 밑줄 긋기

처음 책을 펴보는 1회독 때는 내용을 이해하기도 버겁다. 이해하는 동시에 암기하려고 노력하는 것은 좋지만 주객이 전도되면 안 된다. 차라리 1회독 때 암기한 것은 거의 다 잊어버린다고 생각하는 게 마음이 편하다. 철저하게 이해 위주로 책을 보자.

책을 보면서 중요하다고 생각되는 부분은 연필로 줄을 긋는다. 책을 100퍼센트 이해하지 못한 단계에서는 잘못 밑줄을 그을 수 있기 때문에 지우개로 지울 수 있도록 연필로 긋는 것이다. 만약 연필로 긋는 게 공부에 더 방해된다고 여겨지거나 시간 낭비인 것 같다면 안 해도 좋다.

내가 연필로 밑줄을 그었던 이유는 밑줄을 그어가며 책을 보는 것이 더 집중이 잘되기도 했고, 나중에 책을 다시 봤을 때 1회독 때 중요하다 느꼈던 부분과 진짜 중요한 부분이 같은지 다른지를 확인하고 싶었기 때문이다. 그렇지만 1회독 때는 처음 책을 접하는 상태에서 밑줄을 긋는 것이기 때문에 딱 이 정도의 의미만 있을 뿐이다. 나중에 반복해서 읽을 때 방해가 되면 지워버리거나, 연필로 그은 부분은 신경 쓰지 않으면 된다.

2회독 때부터는 책을 펼쳤을 때 한눈에 논리적인 흐름을 파악할

단권화로 정리한 기본서 예시

1. 대표권남용

1) 의의

앞서 본 바와 같이 대표이사의 대표권행사가 객관적으로 적법하려면 ① 형식적으로는 대표행위로서의 방식(현명주의)을 갖추어야 하며, ② 실질적으로는 그 행위가 대표권한의 범위 내의 행위여야 한다. 이와 같이 적법한 대표행위로서의 객관적 요건은 갖추었으나 주관적으로는 회사가 아닌 대표이사 자신 또는 제3자에게 그 법률행위에 따른 이익을 귀속시킬 목적이었던 경우 이를 대표권의 남용이라고 한다. (…후략)

2) 학설

① 상대방이 대표권 남용의 사실을 알았거나 알 수 있었을 때에는 민법 제107조 제1항 단서의 규정을 유추적용하여 무효라고 보는 견해(비진의표시설) ② 상대방이 대표권 남용의 사실을 알고 있으면서 회사에 대하여 권리를 주장하는 것은 권리남용 또는 신의칙의 법리(민법 제2조)에 기하여 인정되지 않는다는 견해(권리남용설)

③ 대표권남용을 대표권의 내부적 제한(제389조 제3항, 제209조 제2항)에 위반한 경우와 동일하게 봄으로써, 선의의 제3자에 대하여는 유효이나 그가 악의이거나 또는 중과실이 있을 때에는 무효를 주장할 수 있다는 견해 (…후략)

3) 판례

판례는 "주식회사의 대표이사가 그 대표권의 범위 내에서 한 행위는 설사 대표이사가 회사의 영리목적과 관계 없이 자기 또는 제3자의 이익을 도모할 목적으로 그 권한을 남용한 것이라 할지라도 일단 회사의 행위로서 유효하고, 다만 그 행위의 상대방이 대표이사의 진의를 알았거나 알 수 있었을 때에는 회사에 대하여 무효가 되는 것이다."라고 하여 비진의표시설의 입장에서 판시한 것이 다수이지만 드물게는 권리남용설을 취한 것도 있다.

4) 검토

대표권은 포괄·정형성을 갖고 있고 이 정형성은 객관적 기준으로 판단되는 것이므로, 대표행위가 객관적으로 대표권의 범위 내의 행위라면 당연히 대표행위로서 유효하여 회사는 이에 대하여 책임을 진다.

학설, 판례, 핵심 키워드를 다른 방식으로 표시했다.

수 있도록 정리한다. 이번에는 책에 줄을 그을 때 색을 지정해서 줄을 긋도록 한다. 색이 있는 볼펜을 쓰는 이유는 책장을 펼쳤을 때 그 부분에 어떤 내용이 담겨 있고, 어디를 외워야 하는지가 한눈에 보이도록 하기 위함이다. 법서를 예시로 들자면 나는 쟁점은 노란색, 학설은 파란색, 판례는 빨간색을 골라서 표시했다.

공부할 때 문장 전체를 보려고 하면 핵심 키워드가 잘 보이지 않는다. 그래서 중요한 키워드가 한눈에 확 들어오도록 표시해 키워드부터 보고 문장을 이해하는 식으로 암기했다. 키워드는 객관식에서는 함정을 많이 팔 수 있는 핵심 단어나 결론을 의미하고, 논술형에서는 답안지의 점수를 높이기 위해 반드시 외워야 하는 핵심 문구를 의미한다. 그런 것들은 같은 색의 펜으로 키워드 표시를 별도로 했다.

3회독 때는 기출문제와 모의고사 문제를 풀면서 내가 틀린 부분, 중요하게 봐야 하는 부분이 나오므로 2회독 때 색을 정해 칠했던 것보다 더 강조할 부분이 생긴다.

항목별로 사용한 유색펜

쟁점	학설	판례	기출문제	모의고사문제
노란색	파란색	빨간색	빨간색 색연필	분홍색 색연필

결과적으로 위와 같이 색이 나뉜다. 색으로 표시하면 책을 봤을 때 기출문제나 모의고사에서 틀린 것이 가장 먼저 눈에 띄고, 그다음이 판례, 그다음으로 학설이 보인다.

이후에 책을 보면 학설과 판례, 기출문제와 모의고사가 많이 나온 부분은 색이 알록달록해서 지저분한데, 학설과 판례가 없고 기출문제와 모의고사가 없는 부분은(학설과 판례가 없으면 당연히 문제가 안 나온다) 책을 펼치면 아무 필기가 없다. 색깔 표시가 없는 부분은 집중해서 볼 필요가 없고 알록달록한 페이지는 열심히 봐야 하는 부분이 된다. 책을 펼치기만 해도 내가 열심히 봐야 하는 부분인지, 그냥 넘겨도 되는 부분인지 그 경중이 한눈에 바로 들어오는 효과가 있다.

모르는 내용이나 부족한 내용 추가하기

처음에는 대부분 강의를 병행하며 책을 본다(1회독). 만약 책에 있는 내용으로는 이해가 잘 안 되었는데 강사의 판서를 보고 이해했다면 그 부분을 별도로 메모해두지 말고 기본서 공백에 따라 써두면 된다.

또한 잘 이해되지 않는 부분이 있는데 기출문제 해설이 잘되어 있어 그것을 보고 이해가 되었다거나, 다른 문제집에서 쉽게 해설이 되어 있다면 그 자체를 오려서 붙인다. 이렇게 기본서 위에 내용을 계속 추가한다.

2회독부터는 문제 풀이를 병행하는 경우가 많다. 문제가 틀렸다면 해당 문제의 내용이 기본서의 어디 부분에 있는지 확인하고, 틀린 부분을 색연필로 체크한다. 그리고 표시하는 것으로 끝내지 말고 내가 왜 틀렸는지, 어디를 몰라서 틀렸는지 주변 여백에 써둔다. 자신이 어떤 함정에 빠져 틀린 것인지 옆에 써두면 다음에 그 문제를 다시 안 틀릴 확률이 높다.

책에 나와 있지 않은 최신 쟁점(트렌드 관련된 문제 등)이 모의고사에 나왔다면 그것도 붙여둔다. 책에 없는 내용은 가위로 오려서 기본서에 다 붙여둬라. 불안한 것보다는 차라리 양을 늘리는 것이 더 나은 시기이기 때문이다.

이렇게 양을 늘리는 것은 좋지만 오리고 자르는 시간이 아깝다며 그냥 책을 하나 더 보겠다고 결정하는 것은 절대 추천하지 않는다. 만일 해당 과목의 특성상 양이 현저히 적어 시간적 여유가 충분하다면 기본서 두세 권을 봐도 괜찮을까? 그렇지 않다. 기본서에 내용을 추가하는 건 오로지 내가 모르는 것만 덧붙이는 것이고, 내가 아는 부분을 보다가 시간을 낭비하는 걸 최소화하기 위함이다. 내게 필요한 것만 있도록 커스터마이징된 책으로 공부해야 효율성이 극대화된다.

3회독부터는 내용을 줄여나가기

만약 3회독이 끝나고 책을 다시 보게 된다면 유난히 암기되지 않는 부분이 눈에 보일 것이다. 이럴 때는 노란색 색연필로(나는 2회독 때 펜을 쓰고, 추가 체크는 색연필이나 형광펜을 사용했다. 색연필이나 형광펜이 더 눈에 잘 띄고 빨리 써져서 선택한 건데, 선택은 자유다) 암기되지 않는 부분을 체크하고 넘어간다.

중요도가 낮은데 계속 이해되지 않고 외워지지 않는다면 시험에서 틀릴 수 있으므로 눈에 잘 띄는 밝은색으로 표시한다. 이렇게 하면 진하게 색칠한 부분부터 보고 시간이 남으면 연한 색으로 칠한 부분을 보게 되므로 책을 볼 때 그 중요도에 따라 시간을 조절할 수 있다.

3회독쯤(보통 D-100일 즈음이라 생각하면 된다) 되면 내가 아는 것과 모르는 게 어느 정도 보이는 시기다. 그동안 모른다고 생각해서 적어둔 쟁점, 판서 등이 눈에 익어 이제는 필요 없는지 아닌지를 판단할 수 있는 시기다. 또한 당시에는 중요하다고 생각해서 붙여놨던 메모가 공부하다 보니 별로 중요하지 않은 내용일 수도 있다. 중요하지 않거나, 이미 다 외워서 다시 볼 필요 없는 부분은 메모를 떼면서 내용을 줄여간다.

시험 100일 전부터는 암기장이나 요약집을 봐야 할지 고민이 될 것이다. 학원에서는 단기속성반을 만들어 빠르게 많은 양을 공부할 수 있다며 수험생들을 유혹한다. 하지만 역시나 그런 책과 강의는 또다시 공부의 양을 늘리기만 할 뿐이다. 그럼에도 보고 싶다면 가장 얇은 책을 한 권 사서 그 책에 있는 내용을 나의 기본서에 덧붙여 쓸 것을 추천한다.

강사의 판서는 필요한 것만 추가하기

공부하다 보면 유독 이해가 잘 안 되거나 정리되지 않는 파트가 있다. 복잡한 개념 같은 경우 강의를 들으면 강사가 표나 메모로 한 번에 정리해주는 경우가 있다. 그런 것들을 모으기만 해도 책 한 권이 되는데, 이 또한 다 보는 것은 효율적이지 않다. 책을 읽으면서 판서를 같이 보고 그중에 도움이 되는 내용만 기본서 여백에 쓰거나 오려서 기본서에 붙이면 된다.

    다른 사람이 정리해둔 것을 복사집에서 팔기도 하지만 나는 기본서 정리를 직접 해보라고 말하고 싶다. 복사집에서 파는 것은 중요도에 따라 판서가 잘 정리되어 있을 수 있지만 나만을 위해 정리된 것은 아니다. 결국 기본서는 자기가 봤을 때 모르는 부분이 잘 보이고, 잘 아는 부분은 최대한 생략되어 있어야 한다. 남이 정리했다면 내게 맞춰 정리된 책이 아니므로 눈에 잘 익지 않는다.

공부 효율을
극대화하는
회독 공부법

회독
공부법이란?

　　　　　　앞서 짧게 설명한 회독 공부법을 다시금 살펴보겠다. 단권화와 회독 공부법은 함께 병행해야 할 공부 전략이다. 회독 공부는 책을 읽는 순서와 횟수를 말하는 것이다. 하지만 A 책을 1회독, 2회독, 3회독까지 하고 B 책을 1회독, 2회독, 3회독하는 게 아니다. 1회독은 책 A→B→C→D→E를 한 바퀴 공부하는 것을 말하며 이것이 1세트다. 2회독도 A→B→C→D→E, 3회독도 A→B→C→D→E로 공부하는 것이다.

　　처음 1회독을 할 때는 이해 위주로 책을 본다. 따라서 책을 보는 시간을 넉넉하게 잡는 것이 좋다. 예를 들어 1회독 때 A라는 과목의 공부 시간을 2개월로 잡았다면 2회독 때는 1개월, 3회독 때는 3주, 4회독 때는 2주, 5회독 때는 3일로 잡아야 한다. 이렇게 하면 반복 주기가 점점 짧아진다.

앞서도 이야기했듯 고시 공부를 '밑 빠진 독에 물 붓기'라고 한다. 어차피 암기는 휘발성이 동반된다. 한번 외웠다고 해서 영원히 머릿속에 새길 순 없다. 밑 빠진 독에 물을 가득 채우려면 물이 빠져나가는 속도보다 물을 채우는 속도가 빨라야 한다. 마찬가지로 암기도 잊는 속도보다 인풋하는 속도가 빨라야 휘발되지 않고 남아 있다. 물이 빠지는 속도보다 넣는 속도를 높이기 위해 회독 공부법을 활용하는 것이다. 한 권의 책을 볼 때 얼마의 시간을 배당할 것인지는 1년 계획을 세우는 방법으로 미리 정해두고 목표한 시험 날짜와 공부량에 따라 개인마다 다르게 설정한다.

1회독

1회독 때는 보통 강의를 병행하며 책을 처음 펼쳐보게 된다. 이때는 뭐가 중요한지도 모르고, 뭘 더하고 빼야 하는지 정확히 알지 못하는 경우가 많다. 천천히 책을 한 번 본다는 생각으로 기본서를 보자. 강의를 듣기 전이나 후에 예·복습을 하며 연필로 밑줄을 긋는다. 연필로 밑줄을 긋는 이유는 아직 무엇이 중요한지 모를 때라 밑줄을 잘못 그을 수 있어 나중에 지울 수 있도록 하기 위함이다.

2회독

2회독 때부터는 내용을 한눈에 파악할 수 있도록 색이 있는 펜을 써서 정리하는 작업을 시작한다. 내 경우를 예로 들면 사법시험은 주제마다 관련 쟁점, 쟁점에 따른 학설의 대립, 판례의 태도 세 가지가 가장 중요했다. 객관식 지문으로도 나오고 2차 논술 주제로도 출제되었다. 그래서 나는 쟁점, 학설의 대립, 판례가 있는 부분이 가장 중요하다고 생각하고 이 세 부분만 색이 있는 펜으로 칠했다. 쟁점은 노란색 펜으로 칠하고, 학설의 대립은 파란색, 판례는 빨간색으로 밑줄을 그었다.

2회독 때 색깔로 구분을 짓기 시작하면 추후에 책을 펼쳤을 때 쟁점이 있는 페이지와 없는 페이지를 단번에 구분할 수 있다(쟁점이 있는 쪽만 볼펜으로 표시했다). 이렇게 중요한 부분과 중요하지 않은 부분을 나눌 수 있다. 학설과 판례가 없는 부분에서는 기출되지 않기 때문에 그런 부분은 한두 번 보고 이해하는 선에서 넘어갔다.

각 장으로 넘어갈 때마다 첫 인사말이거나 중요하지 않은 부분(강사가 넘어가라고 이야기해주는 경우), 쟁점은 있지만 학설 대립이 심하지 않고 판례가 없는 부분, 기출문제나 모의고사에 나오지 않는 부분, 너무 쉬워서 읽지 않아도 되는 부분 등은 과감하게 지우도록

3회독에 걸쳐 정리한 기본서 예시

상법 책을 정리한 것으로, 핵심 키워드는 동그라미를 쳐서 한눈에 들어오도록 했다.
중요한 문장에는 보충해야 할 내용을 오려서 붙였다.

하자. 물론 이때 지우는 것은 언제든 다시 돌이킬 확률이 있기 때문
에 연필로 표시한다. 나는 사선으로 빗금을 그었다.

이렇게 해서 양을 줄이는 작업도 함께 한다. 내가 공부할 때는 학
설과 판례가 없으면 시험에 나올 확률이 적다는 것이 명확했기 때
문에 2회독 때부터 조금씩 양을 줄이는 것이 가능했다. 만약 이 작
업이 어렵다면 3회독 때부터 해도 좋다.

완벽한 공부보다는 똑똑한 공부를 하라

나는 사법시험을 준비하며 한 번 패배의 쓴맛을 봤다. 모든 과목이 과락 점수 아래였다면 나의 공부 실력이 부족했다고 생각했을 것이다. 하지만 민사소송법 한 과목이 2점 과락 점수 밑으로 나와 떨어졌다. 이때 다른 과목과의 차이를 분석했는데 먼저 나 혼자서 하는 공부를 우선시하기 보단 무리하게 학원 강의를 따라가려 했고, 다음으로 단권화를 비교적 소홀히 했던 게 원인이었다. 게다가 밤을 지새우며 공부를 하다보니 '시간 많으니 널널하게 하자'라는 말도 안 되는 마음을 먹기까지 했다. 이때 실력보다는 잘못된 공부 방법과 나약한 멘탈 때문에 떨어졌다는 걸 깨달았다. 당신도 이런 실수는 하지 않길 바라는 마음으로 내가 예전에 했던 잘못된 공부법을 알려주고자 한다.

내가 실패한 원인
세 가지

당시 내가 실패한 원인을 자세히 살펴보면 다음과 같다. 첫째, 시험 과락 과목 전부를 한 번 훑어보는 데 실패 했다. 즉 그전에 1회독, 2회독, 3회독을 하면서 시험 전날 책을 한 번은 볼 수 있을 정도로 완벽하게 정리하고 암기했어야 하는데 그러지 못했다. 책을 처음부터 끝까지 읽고 있으려니 속도가 나지 않아 완독하지 못했던 것이다. 기본서 정리법부터 잘못되었다는 생각이 들었다.

둘째, 잠을 무리하게 줄였다. 2차 사법시험은 나흘간 치른다. 짧다면 짧은 기간이라 잠을 안 자고 나흘 내내 밤새워 공부하는 친구들이 많았다. 하지만 그건 그들의 방법일 뿐 결코 내가 따라 해서는 안 되는 것이었다. '남들이 하니까 나도 할 수 있겠지'라는 생각으로 구체적인 계획도 없이 나흘간 밤새워 공부한 것이다.

매일 자던 잠을 갑자기 줄이니 몸이 적응할 리 없었다. 졸릴 때마다 나가서 바람을 쐬고 커피를 마시니 오히려 공부하는 시간보다 하지 못하는 시간이 더 늘어났다. 공부할 시간이 많다는 생각에 여유를 부린 것이다. 무엇보다 시험을 칠 때도 졸렸다.

그다음 해에는 4일 동안 4시간씩 꼬박꼬박 잤는데 훨씬 개운하고 집중도 잘되었다. 남들보다 더 많이 잔다는 생각이 들어 불안하기도 했지만 결과적으로 공부의 양은 이때가 가장 많았다. 절대로 무리하게 공부하거나 남들의 방법을 따라 해서는 안 된다.

셋째, 공부법을 유동적으로 조절하지 못했다. 계속 말하지만 우리는 100점을 받는 게 아니라 합격 점수의 선을 넘는 것이 중요하다. 처음에는 자신이 어느 부분에서 약하고 어느 부분에서 강한지 알 수 없다. 그래서 대체로 양에 따라 시간을 잡는다. 가령 공부해야할 과목이 각각 1,000쪽과 500쪽이라면 시간도 두 배 차이 나게 잡고 공부 스케줄을 정하는 것이다.

그런데 공부하다 보면 어떤 과목은 생각한 것보다 시간이 덜 드는 반면 어떤 과목은 생각보다 진도가 잘 안 나가는 경우가 있다. 어차피 우리의 목표는 100점이 아니라 커트라인 점수를 넘어서는 것이기 때문에 이럴 때는 과감하게 공부 시간을 수정해야 한다.

공부 시간을
커스터마이징하라

나는 특히 민사소송법이 정리가 잘되지 않았는데, 그럼에도 끝까지 공부 시간을 수정하지 않았다. 민사소송법이 정리가 잘되지 않았다면 다른 과목에 할애하는 시간을 빼서 민사소송법에 더 투입했어야 했다. 예를 들어 민법과 민사소송법을 5대 5의 비율로 각각 일주일씩 공부하는 것이 아니라, 민사소송법은 10일 정도, 민법은 4일 정도만 본다는 식으로 과감하게 결정했어야 했다.

　나는 민법의 내용을 충분히 숙지했지만 그래도 불안한 마음에 민법과 민사소송법을 7일씩 공부했다. 민법은 7일 안에 충분히 볼 수 있었지만, 민사소송법은 모르는 부분을 다시 되짚어보니 생각하고 넘어갈 수 있는 시간이 부족했다. 시간에 허덕여 그냥 넘기다 보니 결국 헷갈리는 부분을 보강하지 못한 채 다 아는 것을 암기만 한 번 더 하는 수준으로 봤다. 결국 잘하는 과목은 성적이 너무 잘 나오고, 안 나오는 과목은 과락을 넘지 못했다. 총점은 커트라인을 넘겼지만 과락으로 시험에 떨어진 것이다.

　그다음 해에는 과락으로 떨어진 민사소송법에서 반드시 점수를 올려야 한다고 생각했다. 이때는 동차를 노렸기 때문에 사법시험 1차를 본 후 바로 2차를 준비했다. 사법시험 2차 과목은 7과목이고, 남은 시간은 3개월 정도였다. 그런데 7과목을 3개월로 등분하면 한 과목당 쓸 수 있는 시간이 15일 정도밖에는 나오지 않았다. 이렇게 해서는 민사소송법 실력을 올릴 수 없다고 생각했다.

　적어도 책을 한 번 더 정독하면서 내가 모르는 부분과 아는 부분을 확실하게 하는 게 우선이라 생각했다. 그래서 시간을 똑같이 배분하지 않고 남은 3개월 중 한 달 반을 민사소송법 한 과목에 투입했고, 남은 한 달 반 동안 7과목을 공부했다. 이렇게 해서 민사소송법 점수를 올렸고 결국 시험에 합격할 수 있었다.

　흔히 공부한다고 하면 꼼꼼히 암기하거나 처음에 세운 계획은 완벽하게 지키는 상태를 그리기 쉽다. 하지만 공부는 결코 완벽하지 않아도 된다. 내 컨디션과 속도, 현재 상황에 맞게 시간을 조정하고 공부량을 배분하는 것이 똑똑하게 공부하는 법이다. 공부 방법이나 공부 계획의 기본 틀을 세우되, 그 과정에서 내게 맞게 수정하는 현명함이 필요하다.

집중력을
끌어올리는
300시간 공부법

앞에서 말한 것처럼 나는 공부 분량에 따라 계획을 세웠다. 그래도 더 촘촘하고 효율적인 공부를 위해 시간을 기준으로도 계획을 설계했다. 어느 하나라도 놓치고 싶지 않아서다. 공부하다 보니 하루에 10시간 정도를 하지 않으면 계획을 다 못 지켜서 절대로 합격하지 못할 것 같았기 때문에 최소 10시간, 한 달 300시간을 기준으로 잡았다(이는 시험의 난이도에 따라 다르게 설정하면 좋다. 모든 시험이 300시간 공부가 필요한 건 아니기 때문이다).

중요한 건 '300'이라는 숫자가 아니다. 300시간 공부법은 한 달 공부 계획을 세우는 방법을 알려주기 위한 일종의 가이드다. 사람마다 체력과 집중도가 다르기 때문에 300시간이 정답이라고 할 순 없다. 나보다 체력이 좋은 사람이라면 이보다 더 할 수도 있다. 스스로 체력이 별로 좋지 않다고 생각한다면 이 방법을 그대로 따라 해서는 안 되며, 자신에게 맞는 방법을 찾아야 한다.

'최대한'이 아닌
'최소한'의 시간으로

그러면 300시간을 어떻게 계획해야 할까? 나는 한 달을 기준으로 300시간, 하루를 기준으로 10시간 공부한다는 계획을 세웠다. 그러면 한 달 30일 기준으로 하루도 쉬지 않고 공부해야 300시간이 나온다. 그러면 나는 한 달 동안 하루도 쉴 수 없는 걸까?

그렇지 않다. 우선 하루의 공부 시간 목표는 10시간이다. 기준을 너무 높이 잡으면 매일 목표치를 달성하지 못했다는 좌절감 때문에 오히려 스트레스만 커질 것 같아 현실적인 기준을 세웠다. 그리고 토요일과 일요일 이틀 동안의 목표치는 10시간으로 삼았다. 즉 토요일 5시간, 일요일 5시간만 공부하도록 했다.

· 월~금: 하루 10시간
· 토~일: 하루 5시간

책상용 달력을 마련해 오전/오후/저녁으로 나눈 다음, 오전 공부

일별 목표 체크 예시

오전 공부 시간	오후 공부 시간	저녁 공부 시간	결과
☑ 1시간 30분 ☑ 휴식: 20분 ☑ 1시간 30분	☑ 1시간 ☑ 휴식: 50분 ☑ 30분 ☑ 1시간	☑ 1시간 30분 ☑ 휴식: 20분 ☑ 1시간 30분 ☑ 휴식: 15분 ☑ 2시간	총 10시간 30분
공부 시간: 3시간	공부 시간: 2시간 30분	공부 시간: 5시간	10시간 공부 목표 달성+30분 더 함.

를 끝내고 점심 식사를 먹으러 가면서 스톱워치로 시간을 체크하고 저녁 식사를 먹으러 가면서 다시 체크했다.

300시간 공부 목표를 세우고 이를 다시 하루 단위, 일주일 단위로 체크하는 습관을 들이자. 총 일주일 공부 시간을 체크하고 다시 한 달 단위로 체크하는 것이다. 일일이 확인하고 수정하는 시간이 아깝다고 생각할 수 있지만 나는 나 자신을 돌아보는 시간으로 삼았다. 그리고 체계적인 공부를 하기 위해 점검할 시간이 필요했다. 언제 공부가 잘되었고 잘 안 되었는지 체크해야 나중에 공부가 잘 안 되거나 잘될 때 그 이유를 확인할 수 있기 때문이다. 그리고 공부 시간은 잘 지켰는데 진도가 나가지 않을 때 그동안 공부한다고 앉아 있으면서 시간만 흘려보내고 있었음을 확인할 수도 있다.

이렇게 공부 시간을 객관적으로 평가할 수 있는 시간이 주어지면

주별 목표 예시(실패한 경우)

○월 ○일 ~○월 ○일	○월 ○일 ~○월 ○일	○월 ○일 ~○월 ○일	○월 ○일 ~○월 ○일	결과
총 70시간	총 60시간	총 85시간	총 75시간	10시간 부족. 다음 달에 310시간 해야 하며, 주말 5시간 공부를 7시간 목표로 바꿔야 함.
한 달 공부 시간: 290시간				

주별 목표 예시(초과 달성한 경우)

○월 ○일 ~○월 ○일	○월 ○일 ~○월 ○일	○월 ○일 ~○월 ○일	○월 ○일 ~○월 ○일	결과
총 70시간	총 80시간	총 80시간	총 75시간	5시간 초과됨. 3주 차에 점검하고 이때 230시간을 채웠으니 마지막 주에 여유롭게 70시간만 공부하겠다고 계획 수정해도 좋겠음. 다음 달에는 5시간 정도 덜 해도 되니, 더 여유롭게 하자!
한 달 공부 시간: 305시간				

잘못한 부분을 보완하고, 잘한 부분은 더욱 극대화해 공부의 효율을 늘릴 수 있다. 체크하고 분석하는 시간은 일주일에 20분 정도면 충분하다.

계획을 회고하는
시간을 가져라

다시 총 공부 시간을 보자. 앞서 예시로 든 표처럼 계획을 세우면 공부 시간은 평일 200시간, 주말 40시간으로 총 240시간밖에 나오지 않는다.

공부 계획 체크 및 회고 예시 1

· 월~금: 각 10시간씩 총 50시간
· 토~일: 각 5시간씩 총 10시간
 = 한 달 240시간 + 추가 60시간

그러면 나머지 60시간은 어디서 채워야 할까? 이것은 스스로 추가 시간 명목으로 조정하면 된다. 나는 주말에 하루 5시간을 설정하긴 했지만 6~7시간 더 공부하는 날도 많았다. 이렇게 공부를 더 한 날은 '+ 추가 ○시간'으로 메모해두었다. 목표를 달성했을 뿐만 아니라 더 공부했다는 생각에 주말 공부가 유난히 뿌듯하게 느껴졌다. 그런 식으로 평일에는 하루에 1~2시간 더 채웠고, 주말에는 4~5시간 정도 더 채웠다. 하루에 2시간만 더 공부해도 이 정도 시간은 충분히 채울 수 있다.

이렇게 한 달이 지나면 300시간을 다 채웠는지 계산하고 다음 달로 넘어간다. 한 달이 30일이면 다음 달은 31일이지만 30일을 기준으로 공부 계획을 세웠다. 그렇게 하면 두 달에 한 번꼴로 하루 동안 밀린 공부를 할 수 있는 시간이 더 생긴다. 그래서 두 달 동안 최대한 공부를 해보고 밀린 공부를 하루 동안 더 하는 식으로 스케줄을 정리했다.

보통 가장 지치는 순간이 계획이 밀리고 밀려 도저히 손쓸 수 없다는 생각이 들 때다. 그러다 진도가 밀리면 어느 순간 손을 놓아버리고 싶은데 그때가 가장 위험하다. 그래서 나는 두 달에 한 번씩 밀린 공부 일정을 만회할 수 있는 시간을 빼둔 것이다. 이렇게 하면 한 달에 300시간 공부를 어렵지 않게 달성할 수 있다. 그리고 공부 시간을 수치화·시각화하면 스스로 잘하고 있다는 믿음이 생겨 불안감을 줄일 수 있다.

물론 누군가는 하루에 14시간, 15시간 공부했다는 이야기가 들려올 것이다. 나 역시 그런 사람들을 따라 욕심을 내본 적도 있었다. 공부가 잘되는 날에는 10시간 목표를 세웠음에도 4시간, 5시간을 무리해서 더 하려고 했다. 그런데 선배들에게 그런 이야기를 했더니 선배들은 절대 안 된다며 반드시 계획한 대로 움직이고 휴식을 취하라고 조언해주었다. 왜냐하면 컨디션이 좋다고 생각해서 쉬기로 한 날에 쉬지 않고 공부하면, 결국 몸에 탈이 나서 다음 주 공부에 영향을 미치기 때문이다.

공부가 너무 잘되어 평소보다 1시간, 2시간 정도 더 공부하는 것

공부 계획 체크 및 회고 예시 2

· 1주 차
: 70시간 공부

· 2주 차
: 100시간 공부 달성!

· 3주 차
: 30시간밖에 하지 못함. 슬럼프가 옴.

· 4주 차
: 40시간 공부

=총 240시간밖에 못 함. 2주 차 때 초과 공부한 것이 독이 됨.

은 괜찮다. 그렇지만 쉬기로 한 날에 쉬지 않고 무리해서 공부하거나 공부가 잘된다고 잠을 잘 시간에 공부하다 보면 결국 체력에 무리를 줄 수 있다.

처음에는 선배들의 말이 무슨 뜻인지 잘 이해되지 않았지만 정말로 무리해서 공부한 다음엔 꼭 슬럼프가 왔다. 아무리 욕심이 난다고 해도 무리해선 안 되며 공부가 잘되지 않는다고 해도 일단은 버티고 앉아 있는 것이 수험 생활의 기본이라는 사실을 알았다. 내게 공부 계획이란 반드시 달성해야 하는 최소한의 목표이기도 했지만, 기분이 널뛰는 대로 하다가 슬럼프가 왔을 때 공부를 놓아버리는 일을 방지하기 위한 일종의 방지턱이기도 했다.

★
D-365~D-300
기간을 위한
공부 명언

감히 도전해보지 못한 사람들은 아무것도 하지 못한다.
_지그 지글러(Zig Ziglar)

해냈다는 것은 완벽을 기하는 것보다 훌륭한 일이다.
_셰릴 샌드버그(Sheryl Sandberg)

꿈이 없는 젊음은 틀린 문장의 마침표와 같다.　　　_미상

Part 02

나만의 속도를
찾아라
: 3분의 1 지점

공부를 시작한 초반에는 누구나 열심히 공부한다. 하지만 어느 정도 시간이 지나면 공부 자체가 싫어지고 지치는 시기가 온다. 달리기에서도 이 시점에서 페이스를 가다듬고 조절하는 게 중요하다. 나만의 호흡법, 속도를 찾는 시기다. 철저하게 계획했어도 막상 공부를 시작하면 미세하게 시간이나 마음가짐 등을 다시 조절해야 하는 시기가 온다.

이때는 '이 속도면 오래 뛸 수 있겠다'라는 자신만의 페이스를 찾아야 한다. D-299부터 D-200일까지는 공부법과 멘탈이 흔들릴 수 있는 시기로 보고 '일반적인 공부법+멘탈 관리법'을 알아두도록 하자.

Chapter
03

공부 루틴이 결과를
좌우한다

처음에는
훑는다는 느낌으로
공부하라

공부를 할 때는 나무보다 숲을 먼저 보고 큰 흐름을 이해하는 연습을 해야 한다. 먼저 이해되는 부분부터 공부하고, 잘 모르는 부분이 있으면 최대한 노력해보고 안 되면 시간 낭비하지 말고 넘긴다. 처음 책을 읽을 때 모든 것을 다 이해할 수는 없다. 이해가 안 되는 부분은 표시해두고, 2회독 때 더 열심히 봐야 한다는 메모만 남긴 채 그냥 넘긴다.

이해되지 않은 부분은 반드시 체크한다. 연필이나 색연필로 흐릿하게 세모 표시나 별표를 해서 다음에 볼 때는 반드시 이 부분을 이해해야 한다고 표시해두는 것이다.

기본 개념부터
먼저 이해하라

한 예로 형법 각론에서 '살인죄'를 공부한다고 가정해보자(여기서는 총론보다 각론의 살인죄를 공부한다고 가정하고 설명한다). 처음 공부할 때는 살인죄가 무엇인지를 알기에도 급급하다. 따라서 살인죄의 개념과 판례를 보고 넘어가는 것이 첫 번째 공부다. 즉 '형법의 제250조에서 살인, 존속살해를 정하고 있고 ① 사람을 살해한 자는 사형, 무기 또는 5년 이상의 징역에 처한다고 규정하고 있구나' 하고 개념 및 살인죄와 관련된 기본적인 판결 정도만 이해하고 넘어가는 것이다.

이렇게 처음에는 기본을 훑어보면 된다. 그러나 시험 문제는 기

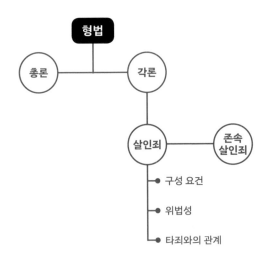

본적인 것을 묻는 것도 있지만 다른 개념들과 헷갈리도록 조합되어 나오기 때문에 기본적인 개념만 알아서는 정답을 확실하게 맞힐 수 없다. 따라서 살인죄의 기본 개념을 정확하게 이해했다면 그다음부터는 세부적인 사항들을 살펴봐야 한다. 그리고 살인죄 개념과 관련해 문제로 나올 수 있는 다른 개념들과 연결 지어 공부하는 연습을 해야 한다.

기본적인 개념을 이해한 상태에서 지엽적인 부분으로 들어가면 이해의 맥락이 넓어지고 다른 아리송한 개념들과 연결 지어 공부할 수 있어서 문제의 함정을 쉽게 캐치할 수 있다. 살인죄를 예로 들면 다음과 같다.

- 살인죄: 고의로 사람을 죽였을 때
- 연관되는 쟁점: 사람을 죽이려고 한 건 아니고 단순히 때렸는데 죽었을 경우도 살인죄인가? → 상해치사
- 사람을 죽이려고 했는데 죽지 않았을 때도 살인죄인가? → 살인미수
- 살인죄와 비교해서 봐야 하는 쟁점: 상해치사, 살인미수

기본적으로 살인죄 개념은 사람을 고의로 죽였을 경우 적용된다. 그런데 사람을 죽이려고 하지 않았는데 어쩌다 보니 죽었을 경우는 살인죄인지 아닌지 헷갈릴 수 있다(이런 부분이 문제로 잘 나온다). 이럴 때 연관된 개념들을 찾아보면서 '아, 살인죄는 아니구나. 그러면

상해치사, 폭행치사, 과실치사 등과 어떤 차이가 있지?' 하고 비교하면서 공부하면 좋다.

목차를 보며
공부하는 법

지금 공부하는 부분이 어떤 큰 주제 아래에서 등장하는 개념인지 아는 것도 중요하다. 만일 역사 공부를 하고 있다면 지금 읽고 있는 사건이 조선시대 사건인지, 근현대사 사건인지 알아야 하는 것과 비슷하다. 이는 책의 목차를 보면 금방 파악할 수 있다.

형법 같은 경우도 총론과 각론으로 나뉘어 있는데 총론이 무엇이고, 각론이 무엇인지를 알아야 한다. 총론이 전체적으로 범죄가 성립하는 요건, 범죄가 예외적으로 성립되지 않는 경우, 범죄의 개수 등 일반론에 대한 설명이라면, 각론은 개개의 범죄를 설명하는 파트로 상해죄가 무엇인지, 폭행죄가 무엇인지 등을 설명하는 파트다.

따라서 범죄의 개수를 공부하고 있다면 '총론 파트를 공부하고 있군' 할 수 있을 정도로 알아야 하고, 폭행죄를 공부하고 있다면 '이건 각론 파트군' 하고 인지할 수 있어야 한다. 문제에서 범죄의 개수를 말하다가 갑자기 폭행죄로 넘어갔는데, 총론에서 각론으로 넘어간 것이라는 사실을 알고 공부하는 사람과 갑자기 왜 폭행죄로 넘어가는지 모르고 공부하는 사람은 다르다. 전체적인 흐름을 이해하고 문제를 푸는 것과 이해하지 못하고 문제를 푸는 건 다르다는 이야기다.

이렇듯 숲을 보며 공부하기 위해서는 책의 흐름, 즉 목차를 반드시 봐야 한다. 지금 보고 있는 책이 흡사 역사책이라고 생각하고 역사의 흐름을 읽듯 책의 논리적 흐름을 따라 공부해야 한다. 전체적인 그림을 볼 수 있어야 어떤 부분이 더 중요하고, 어떤 부분이 덜 중요한지 알 수 있다. 그래야 시험에 헷갈리는 문제가 출제되어도 함정에 빠지지 않고 답을 고를 수 있다.

나는 공부하기 전에 오늘 공부하고자 하는 부분이 포함된 목차를 반드시 5분이라도 보려고 했다. 복습할 때도 공부한 부분의 큰 제목이나 목차를 훑어보면서 어디까지 공부했고, 무엇이 남았는지 확인했다. 이렇게 하면 어떤 개념을 정확하게 이해하지 못하거나 아리송한 것이 있다고 해도, 전체적인 맥락에서 문제를 파악하고 답을 찾아내기가 수월해진다.

맥락을 상기하는
복습법

복습을 어떻게 하는지도 중요하다. 하루에 100쪽을 공부하는 것이 목표라고 한다면, 당연히 첫날은 100쪽을 공부한다. 하지만 둘째 날은 어제 공부한 100쪽을 1시간 동안 훑어보고 둘째 날 해야 할 100쪽을 공부한다. 이런 식으로 해서 한 장이 끝나고 나면 다시 그 장을 1시간 동안 빠르게 훑어보고 넘어가는 것이다. 첫째 날, 둘째 날, 셋째 날 공부한 것이 쌓이더라도 1시간을 넘기지 않는 선에서만 복습하기로 한다. 이렇게 하면 전체적인 맥락과 흐름이 보여 개념을 이해하는 데 도움이 많이 된다.

사실 복습은 훑는 정도로만 해도 전날 공부한 것이 머릿속에 남아 있다. 그리고 복습에 너무 많은 시간을 투자하면 그다음 공부를 시작할 수가 없다. 공부해야 할 양이 많은 수험 공부는 복습도 중요하지만 시간 배분이 매우 중요하기 때문에, 복습은 반드시 하되 여기에 많은 시간을 뺏기지 않도록 하자.

복습 방법

1일차	2일차	3일차
☑ 100쪽 공부	☑ 1일차 100쪽 복습 1시간 ☑ 2일차 150쪽 공부	☑ 1~2일차 250쪽 복습 1시간 ☑ 3일차 100쪽 공부

지나간
공부는
일단 잊어라

시험에 임박해 궁지에 몰린 쥐가 되지 않으려면 공부 계획이 밀렸을 때를 대비한 계획도 세워야 한다. 계획이 밀릴 걸 알고 공부하는 것과 전혀 모르는 상태에서 공부하는 것은 다르다. 우리는 인간이고, 예측할 수 없는 삶을 살아간다. 언제든 진도가 밀릴 수 있음을 인정하고 계획대로 공부가 되지 않을 수 있음을 알고 시작하자.

공부하지 못한 30퍼센트에
매달리지 마라

공부하기 시작한 초반을 넘어서면 이런저런 변수가 생기기 마련이다. 이때 진도가 밀려 공부하지 못한 부분이 생기더라도, 일단은 넘어가도록 한다. 예를 들어 처음에 계획한 대로라면 민법 책을 100퍼센트 1회독했어야 했는데 시간이 부족해서 70퍼센트밖에 보지 못하고 다음 과목으로 넘어가는 경우가 생길 수도 있다. 그런 상황이 되었을 때 좌절하지 말고 '아쉽지만 어쩔 수 없지' 하는 마음으로 다음 과목으로 넘어갈 수 있는 여유를 갖는 게 중요하다.

좀 더 구체적으로 이야기하면 1회독을 기준으로 일주일 동안 100쪽을 공부하기로 했는데 70쪽까지밖에 못 했다고 하자. 이럴 때 남은 30쪽을 보겠다며 그 과목을 공부하는 시간을 정해둔 7일에서 무작정 10일로 늘리면 안 된다. 일단 30쪽을 못 봤다는 사실을 메모해두고 다음 과목으로 넘어가야 한다.

A 과목의 진도가 밀렸다고 A 과목을 보는 시간을 늘리면 어떻게 될까? 밀린 과목을 보겠다고 기간을 더 늘리면 다음 B 과목도 밀리고, C 과목은 더 밀리게 되어 있다. 진도가 밀리면 마지막에 가서는 한 과목을 통째로 못 보게 될 수도 있다. 우리가 공부하는 건 합격선을 넘는 공부지, 100점을 받아야 하는 공부가 아니다. 그러니 그냥 70퍼센트만 보고 덮자.

도미노가 무너지듯 한 번 진도가 밀리면 계속 밀리고 좌절감이 든다. 공부 거리가 쌓인다는 압박감을 이기지 못하고 그냥 손을 놓아버리는 경우가 생긴다. 그러니 진도가 계속해서 밀리는 것보다는 30퍼센트를 포기하고 넘어가는 게 낫다.

그때는 보지 못한 30퍼센트에서 시험 문제가 나올 것 같고, 그러면 남들이 다 푸는 문제를 나 혼자 보지 못해서 떨어질 것 같은 불안감이 들 수 있다. 그렇지만 그럴 확률보다는 오히려 포기하지 않고 다음 과목으로 넘어가 공부하면 골고루 과락 없는 성적으로 합격할 확률이 훨씬 더 높다.

또한 A 과목을 70퍼센트밖에 못 보고 다음 과목으로 넘어갈 때는 세상이 무너지는 것 같겠지만 B 과목, C 과목을 공부할 때 오히려 예상한 것보다 빨리 1회독이 끝나는 경우가 있다. 그러면 B 과목을 공부하기 위해 빼놓았던 시간 중 남는 시간에 A 과목에서 못 본 30퍼센트를 보면 된다.

만약에 그조차 안 된다면 어떻게 할까? 이번 회독 때는 보지 못한 30퍼센트를 포기하고 넘어가야 한다. 그다음 회독 때 A 과목 공부 차례가 오면 그때 못 본 30퍼센트부터 먼저 공부하고 나중에 70퍼센트를 공부하면 된다. 그도 안 될 것 같다면 강의나 스터디 그룹의 도움을 받아 30퍼센트 중 진짜 중요한 부분만 보고 넘어간다.

끝까지 가봐야
합격률이 높다

결국 완벽하게 공부해야 한다는 압박을 이기지 못하고 "나, 그냥 100퍼센트로 공부해서 다음 해에 붙을래" 하며 포기해버리는 사람이 있다. 반면에 일단 그다음 스케줄로 넘어가서 어떻게 해서든 시간을 확보해 앞서 공부하지 못한 부분을 보기 위해 노력하는 사람도 있다. 과연 둘 중 누가 합격할 확률이 더 높을까? 당연히 포기하지 않은 사람이 합격할 확률이 높다.

만약 그해에 둘 다 떨어진다고 해도 마찬가지다. 합격을 위해 끝까지 달려보고 자신의 과오가 무엇이었는지 깨달은 사람과, 중간에 포기하고 다시 처음부터 돌아가 공부하겠다는 사람 중 누가 다음 해에 시험에 붙을 확률이 높을까? 당연히 결승전까지 최선을 다해 가본 사람이 그다음 해에 합격할 확률이 더 높다. 결승 지점을 향해 갈 때 중간에 어떤 장애물이 있었는지, 골인 지점은 어떻게 생겼는지 한 번이라도 경험했기 때문이다. 모든 걸 경험해봤기에 두 번째 시험을 볼 때 조급해하지 않고 여유를 가질 수 있다.

중간에 포기한 사람은 자신이 무엇이 부족해서 떨어졌는지 절대로 알지 못한다. 자신의 착오와 실수를 깨닫고 빨리 수정할수록 합격할 확률은 올라간다. 진도가 밀린다고 시험 자체를 중도에 포기하는 일이 없기를 바란다.

착각을
깨부수는
자기 객관화

수험 생활에서 또 하나 가져야 할 태도는 자기 자신을 객관적으로 바라볼 수 있는 시각, 즉 자기객관화다. 수험생의 자기객관화에는 두 가지 방법이 있다. 타인이 내 모습을 평가하는 것과 자신이 스스로를 돌아보는 방법이다. 하지만 종국엔 남의 눈보다는 내가 스스로를 돌아볼 줄 알아야 한다. 주관적인 눈으로 객관적인 사실을 판단해야 하기에 매우 어려울 수 있다. 남들이 보기에 열심히 하는 것처럼 보여도 매일 앉아만 있고 공부를 안 하는 사람이 있으며, 남들이 보기에 노는 것같이 보여도 앉아 있는 그 순간 집중력을 100퍼센트 끌어올려 공부하는 사람이 있다. 이는 오로지 나 자신만이 알 수 있다. 객관적으로 열심히 해도 안 되는 경우, 열심히 하는 척만 하는 경우를 확인할 수 있는 몇 가지 기준을 살펴보자.

내가 열심히
공부한다는 착각

스스로 열심히 하고 있다고 생각하는 이유가 무엇인지 곰곰이 생각해보자. 종일 책상에 앉아 있으니 공부를 열심히 하는 걸까? 온라인 강의를 많이 듣고 있으니 공부를 열심히 하는 걸까? 단순히 '열심히 한다'는 것은 수험생이 가장 경계해야 할 표현이다. 공부할 내용을 머릿속에 담는 게 아니라 시간만 죽이고 있는 건 아닌지 확인해야 한다. 다시 말하지만 공부를 열심히 한다는 건 효율적인 공부를 한다는 이야기다.

책 내용을 정말 이해했는지, 시험에 합격하는 공부를 하고 있는지 검증도 하지 않은 채 책만 주구장창 본다고 해서 합격하지 않는

착각을 깨부수는 체크리스트

- ☑ 10시간 앉아 있었지만 진짜 집중한 시간은 절반 이하다(공부를 시작했을 때 스톱워치를 누르고, 집중이 끝났을 때 다시 눌러 총 시간을 체크한다).
- ☑ 하루 공부 스케줄을 계획해서 실천했는데 사흘 이상 지키지 못했다.
- ☑ 커피나 음료를 습관적으로 한 모금씩 계속 마신다(집중하지 못하는 대표적인 현상이다).
- ☑ 모의고사에서 난이도 낮은 문제를 반복적으로 틀린다.

다. 스스로 공부하고 있다는 심적인 안정감은 줄 수 있을지 모르지만 만족스러운 결과로 돌아오진 않는다. 혹시 자신이 이런 착각 속에서 살고 있는 건 아닌지 한번 생각해보자.

습관적인 실패를
반복할 것인가

열심히 공부한다는 착각의 결과는 습관적인 실패다. 시험에서 계속 떨어지는 것이다. 실전까지 가지 않더라도 모의고사 성적만 봐도 공부법이 잘못된 것인지 아닌지는 쉽게 검증할 수 있다. 그런데 지금까지의 계획과 루틴을 바꾸는 게 귀찮아서 공부 방법을 고집한다면 결과가 어떻게 될까? 실패가 반복된다. 만일 모의고사에서 계속 성적이 나오지 않는 경우, 공부 시간이 최소한도 나오지 않는 경우라면 그 원인이 무엇인지 반드시 찾아 수정해야 한다.

자신이 습관적인 실패를 반복하고 있지만 그동안 공부한 시간과 노력이 있으니 언젠가 합격할 수 있는 날이 오리라고 생각할지 모른다. 공부를 오래 했다고 합격하는 것이 아니라 합격할 방법으로 공부해야 원하는 결과를 얻는 것이다. 이를 명심하고 틀린 방법은 반드시 수정하고 개선하도록 하자.

공부가 잘못되고
있다는 신호

물론 새로운 정보를 받아들이거나 한 번 고정된 스케줄을 바꾸기 어려워하는 사람들이 있다. 자신의 공부법이 무조건 옳다고 생각하는 것이다. 그렇지만 내 생각이 틀렸다는 게 결과로 나온다면 반드시 공부법을 수정하거나 그간의 수험 생활을 돌아봐야 한다.

시험도 경향이라는 게 있다. 예전엔 중요했지만 지금은 중요하지 않은 것들이 있고 이론이나 사례들이 개정될 수 있다. 많은 문제집들이 개정해서 2판, 3판으로 새롭게 출간되는 이유가 그것이다. 사회적인 이슈에 따라 중요한 내용들이 바뀌곤 한다. 이런 변화를 따라 가기 위해서는 강의를 듣거나 스터디에 참여해서(혹은 인터넷을 통해서라도) 외부와 계속 소통하며 나의 공부를 체크한다.

공부가 잘못된 방향으로 가고 있을 때 신호를 보내줄 수 있는 외부와의 연결 고리가 있는지 확인하자. 단 한 가지라도 그 끈을 잡고 있어야 한다.

수험생의
스트레스
관리법

공부할 땐 쉬는 것도 계획해서 쉬어야 한다. 그러면 어떻게 쉬는 게 좋을까? 쉬는 시간은 말 그대로 쉬는 시간이지, 노는 시간이 아니다. 사실 놀기 위해서는 별도의 에너지가 필요하다. 수험생이 쉬는 이유는 에너지를 쓰는 게 아니라 공부하기 위한 에너지를 비축하기 위해 휴식하는 것이다. 그러면 어떻게 해야 잘 쉴 수 있을지 알아보자.

나만의 스트레스
해소법을 찾아라

나는 자취하며 공부했기 때문에 집안일을 쉬는 시간에 했다. 보통 토요일 오후까지 공부하고 집에 와서 청소한 뒤 치킨에 맥주를 마시고 예능을 보며 휴식을 즐겼다. 술을 마시면 다음 날 공부하기 힘들어서 평일에는 절대 술을 마시지 않는데 스스로 보상을 주는 날에는 한 잔 정도 마셨다.

공부하며 중간에 머리를 식힐 때는 TV를 5~10분 정도 봤다. 당연히 TV는 보면 볼수록 더 보고 싶어지는 것이 사람인지라 휴대폰 알람을 맞춰놓고 봤다. 의지력이 부족하다면 아예 TV나 영상을 켜지 않을 것을 권한다.

무엇보다 본인에게 잘 맞는 스트레스 해소법을 찾아야 한다. 잠깐 쉴 때 무엇을 하면 가장 좋은지, 공부에 방해가 안 되는지, 주말에 할 수 있는 가장 좋은 스트레스 해소법은 무엇인지 찾아야 한다. 그 외에 가벼운 운동하면서 스트레스를 푸는 사람들도 있고, 음악을 들으며 스트레스를 푸는 사람들도 있다. 이 역시 적정한 선에서 끊을 수 있어야 한다.

공부를 유지하기 위한
취미 생활

기껏 쉬는 시간이 되었는데 뭘 해야 될지 모르겠다면 쉬면서도 스트레스가 풀리지 않을 것이다. 무엇을 했을 때 스트레스가 풀리는지도 미리 찾아보면 좋다.

예로 예술 교양 책, 만화책, 시집 등을 읽는 것을 추천한다. 공부하면서 즐길 수 있는 취미 중 에너지 소비도 적고 비교적 자극적이지 않기 때문이다. 그렇지만 취미 생활을 하기 전에 반드시 기억해야 할 것이 있다. 이런 취미를 떼려야 뗄 수 없는 일상으로 만들어서는 안 된다. 나중에는 당연히 취미가 삶의 일부가 될 것이다. 그러나 지금은 아니다. 지금 취미를 즐기는 이유는 공부를 지속하기 위해서다.

나는 고시촌에 있으면서 5~10년 동안 수험 생활을 하는 장수생들을 많이 봤다. 장수생들은 수험 생활을 하며 그 안에서 자신의 취미를 일상으로 만들고 있었다. 그들에게 고시촌은 더 이상 훈련소가 아니라 삶의 일부였다. 단순히 교회에 가서 기도하는 것이 아니라 커뮤니티를 만들어 활동하거나 PC방, 당구장에서 5시간 이상 보내는 사람도 봤다. 그렇게 되면 수험 생활에 점점 익숙해지고 어느덧 그 자체가 인생이 될 수 있다. 자연스럽게 수험 기간이 길어질 수밖에 없다.

전쟁터에서 잠시 쉬는 사람이 그 안에서 나의 삶, 나의 커뮤니티를 만들 이유가 없다. 취미 생활도 1~2년 안에 끝날 수험 생활 안에 있는 훈련의 일부라는 것을 기억해야 한다. 그저 노는 게 아니라 쉬어가는 타이밍에 스트레스를 잘 풀어 공부를 지속할 수 있는 범위 내에서 취미를 가져야 한다. 기억하자. 우리는 수험 생활이라는 삶이 아니라 다른 인생을 위해 지금을 견디고 있음을.

중독성, 회피성
취미는 금물

나도 고시 공부를 하면서 스트레스가 극한 으로 치달았을 때가 있었다. 보상 심리로 '합격하면 입고 싶었던 옷도 맘껏 입고 매일 즐겁게 놀아야지'라고 생각하며 구두를 사는 게 취미가 되었던 때다. 매일 쇼핑몰을 보면서 30분씩 시간을 소비하면서 구두가 집에 오면 신어보지도 않고 박스째 구석에 두고 쳐다보지도 않았다.

당시는 스트레스 때문에 현실 회피 수단으로 쇼핑을 즐겼는데, 당연히 그해 시험에 떨어졌다. 시험에 합격하고 난 후 그 구두들을 풀어보니 불편하고 너무 화려해서 평소에는 전혀 신을 수가 없는 구두들이었다. 신기 위해서가 아닌 스트레스 해소용으로 쇼핑했던 것이다.

혼자서 밥을 먹는 게 너무 외로워서 힘들기도 했다. 이때는 차라리 TV를 벗 삼아 취미로 여기고 집에서 드라마를 보면서 밥을 먹었는데, 드라마만 1시간이다 보니 거의 2시간 동안 밥을 먹었다. 게다가 드라마를 보느라 2시간을 버렸다는 생각에 공부에 집중이 안 되었다. 집에 와서 TV를 보며 밥 먹는다는 게 얼마나 위험한 짓인지 알았고 덕분에 중독성 취미가 얼마나 위험한지 몸소 체험할 수 있었다. 아무리 힘들다고 해도 현실 회피성, 중독성 취미는 들이지 않도록 하자.

특히 공부하는 수험생들이 중독적으로 빠지는 취미가 몇 가지 있다. 당구장, PC방, 만화책방, 노래방 같은 것들이다. 무리를 지어 놀러 다니기도 하지만 혼자 즐길 수도 있고 중독성이 높아 공부와 주객이 전도되는 경우가 있다. 이런 취미는 추천하지 않는다.

대화를 많이 할 수 있는 카페나 바와 같이 이성을 만날 수 있는 공간에 중독되어 부모님이 주신 용돈과 소중한 시간을 날려버리는 수험생들도 많이 봤다. 만일 이런 유흥에 중독되었다면 당장 짐을 싸서 본가에 돌아가야 할 정도로 심각한 상황이라는 것을 스스로 깨닫길 바란다.

공부할 때 자신을 통제하는 것이 중요하지만 쉴 때도 마찬가지다. 쉬는 시간뿐 아니라 휴식의 형태도 공부에 방해되지 않도록 조정해야 한다. 공부하는 시간만큼 쉬는 시간도 소중히 여기고 다뤄야 컨디션을 최상으로 끌어올리고 집중력을 높일 수 있다. 물론 쉽지 않은 일이다. 하지만 분명 최선을 다한 만큼의 결과와 의미를 당신에게 안겨줄 것이다.

머릿속에 빠르게
정리하는
3회독 공부법

공부의 속도를 높이는
3회독 정리법

앞서 공부를 시작한 초반에 하는 1, 2회독 공부법에 대해 이야기했다. 그리고 공부를 하고 어느 정도 시점이 지나면 3회독을 해야 하는 시기가 온다. 이때는 정리된 책을 반복해서 읽으며 내용을 더 줄여나가야 한다.

기출문제에 많이 나온 부분이라고 해도 이해하고 외워서 문제 유형을 파악했다면 연필로 빗금을 그어 다시 보지 않도록 한다. 나 또한 쟁점이 없거나 판례가 없는 경우, 논란이 없는 부분은 출제될 확률이 없으므로 마찬가지로 연필로 빗금을 그어가면서 앞으로 회독할 양을 줄였다. 그리고 강사가 설명하지 않고 넘어가거나 중요하지 않다고 말하는 부분도 과감하게 줄인다.

양을 줄이는 것을 불안해하는 사람들이 있다. '내가 안다고 생각했는데 틀리면 어떻게 하지?' 하고 걱정하는 것이다. 그러나 수험 공부는 양과 확률의 싸움이므로 그런 불안감에 흔들리면 안 된다. 빗금을 그었다고 해서 다시는 보지 못하는 것이 아니다. 보지 않겠다는 다짐으로 표시하는 것은 맞지만 다시 볼 수는 있다.

나는 복습하거나 마지막 회독 때에 빨간색, 파란색 등으로 표시한 부분을 1순위로 보고, 이것만 봤는데 남은 시간이 없으면 다음 책으로 넘어갔다. 그런데 표시한 것을 보고도 시간이 남으면 빗금을 그은 부분도 한 번 더 보곤 했다.

시간 배분에서는 중요하다고 생각한 내용에 훨씬 더 많은 시간을 할애했고, 빗금을 그은 부분은 최소한의 시간을 투입해서 한 번 더 보거나 보지 않는 식으로 했다. 예를 들어 빗금을 그은 부분의 양이 100쪽이라고 하면 아무리 양이 많아도 30분~1시간 정도 봤던 것으로 기억한다.

빗금을 그을 때 연필로 하는 이유가 있다. 내가 모르는 내용이라면 문제 풀이를 하면서 또다시 틀리게 되어 있는데 그때 빗금을 지우고 다시 볼 수 있기 때문이다. 이렇게 책을 정리하고 나면 두꺼운 벽돌 책도 양이 많이 줄어 실제로 봐야 할 분량은 얼마 되지 않는다. 그러면 4~5회독 때나 시험 당일 책을 훑어볼 때 내용을 보는 속도가 더 빨라진다.

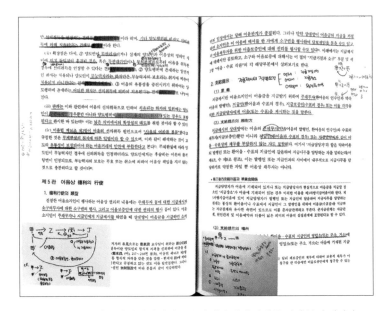

하단의 포스트잇은 강사의 설명이 도움이 되어 해당 사례를 써서 붙인 것이다.

보통 3회독까지 끝나면 시험까지 시간이 한 달도 남지 않는다.
이때 정리한 기본서를 4~5일 만에 봐야 하는데 책 정리가 잘되어
있으면 그 시간 안에 볼 수 있고 시험 전날에도 완독할 수 있다.

· 내가 모르는 부분은 노란색, 초록색, 파란색 등 덧칠이 되어 있어 한
  눈에 파악할 수 있다. 책을 볼 때 우선순위가 되어야 하는 부분이다.
· 학설과 판례 기출문제, 틀린 문제 등은 각각 파란색과 빨간색이므로
  눈에 잘 띈다.

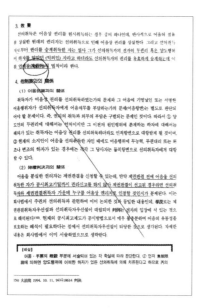

중요하지 않다고 판단되는 부분이라 빗금을 치고 다시는 보지 않았다.

· 중요하지 않거나 이미 아는 부분은 빗금을 그어 패스하라.

· 중요한 부분을 다 봤는데도 시간이 남으면 그때 잠깐 빗금 부분을

봐도 좋다.

기본서를 더욱
일목요연하게 만드는
더하기와 빼기

D-299~D-200 이 시기부터는 기본서에 더해 기출문제, 모의고사, 최신 판례, 강사의 판서, 메모 등 더 봐야 할 것들이 많이 생긴다. 기본서에 이런 것들을 추가해 내용을 풍부하게 적어서 정리한다.

기본서에 반드시
추가할 것들

기본서에 추가할 것 중 하나는 틀린 문제다. 모의고사를 풀거나 쪽지시험을 보면 틀린 문제는 반드시 나오기 마련이다. 보통 모의고사에 출제된 문제는 시중의 문제집에 실린 기출문제보다 최신식이기 때문에 판례나 시대 흐름 등이 반영된 경우가 많다. 최신의 내용이 기본서에 없다면 관련 내용을 오려서 기본서에 붙여두도록 한다. 틀렸다는 건 어쨌든 내가 놓쳤다는 뜻이므로 다른 색의 펜으로 덧칠해서 강조한다.

틀린 문제를 체크하고 관련 파트를 찾아서 추가하는 과정이 어쩌면 시간 낭비라는 생각이 들 수 있다. 하지만 책에서 어느 부분인지 찾아보는 과정 자체가 공부다. 이렇게 해야 암기가 잘 된다. 그리고 책의 어느 파트인지 찾는 과정이 중요한 이유가 또 있다. 가령 나는 A와 B가 별개의 개념이라 생각하고 외웠는데 막상 기본서에서 찾아 체크하다 보면 같은 주제의 문제라는 걸 알게 될 때가 있었다. 즉 문제만 풀어서는 알 수 없었던 흐름을 알게 되기도 한다. 이런 깨달음을 기본서 정리 과정에서 얻을 수 있다.

또한 기본서를 정리하며 '아, 내가 이래서 틀렸구나' 하고 어디랑 헷갈리지 않도록 봐야 한다고 체크하는 그 과정 자체가 암기의 과정이다. 스스로 정리했을 때 더 기억에 잘 남기 때문에 이 과정을 절대 소홀히 하지 않기를 바란다.

단순히 책 정리가 아니라 나의 강점과 약점을 찾아가는 과정이다. 내가 강한 파트는 틀린 문제가 별로 없어서 책이 상대적으로 깨끗하고 내가 약한 파트는 책이 상대적으로 더러워진다. 책만 봐도 '어떤 부분을 더 많이 공부해야 하는 사람인지가 한눈에 보이는 것'이 책 정리의 포인트다.

그리고 계속해서 틀리는 구간이 있을 것이다. 예를 들어 C와 D라는 개념이 나오는 문제가 계속 틀린다면 이는 함정 구간일 수도 있다. 함정의 의미는 다양하다. 틀리라는 의도로 파놓은 의도적인 함정, 즉 '킬러 문항'일 수도 있고 어려운 개념이기 때문에 혼동을 일으키는 문항일 수도 있다.

이와 같은 함정은 특정한 패턴이 있다. 이 패턴은 처음에 알기는 어렵지만 책 정리를 하다 보면 알게 된다. 그런 함정은 포스트잇에 메모해서 책에 붙여야 한다. 책에 메모해둘 때는 단순히 이 개념을 틀렸다고만 하는 것이 아니라 '××쪽에 나오는 ○○ 개념과 혼동하도록 출제되었으므로 비교해서 공부할 것'이라고 메모한다. 그러면 그다음부터는 이 두 가지 개념에 관한 문제가 나왔을 때 함정이 눈에 확 들어온다.

기출문제
정리하기

기출문제를 풀어보고 나서는 틀린 것과 애매한데 찍어서 맞힌 것 두 가지를 체크한다. 그 기출문제를 그대로 기본서에 추가하는 게 아니라 왜 몰랐고 왜 틀렸는지를 답안을 보며 연구한다. 그리고 헷갈리거나 몰랐던 내용이 있는 부분을 기본서에서 찾는다. 기본서를 읽을 땐 알았다고 생각했던 내용이지만 막상 문제를 풀어보니 헷갈리거나 몰랐던 부분일 수 있다.

나는 기출문제의 쟁점이 된 부분이 있는 기본서 내용으로 돌아가 색깔 있는 펜(나는 기출문제가 가장 중요하다고 생각해서 빨간색 색연필로 표시했다)으로 표시해두었다. 쟁점이 된 부분이 다른 부분과 헷갈려 틀린 것이라면 '△△쪽의 ○○ 쟁점과 비교해서 볼 것'이라고 포스트잇에 메모해서 만들어 붙였다. 기본서에 없는 지문이나 판례가 나왔다면 오려서 테이프로 붙였다. 이렇게 기본서를 정리하고 나면 기출문제집을 따로 볼 이유가 없다.

모의고사도 마찬가지다. 다만 모의고사는 기출문제만큼 중요한 건 아니기에 분홍색 색연필로만 표시해도 좋다.

기출문제 정리하는 법 예시

1. 법조경합의 의의

법조경합이란 1개 또는 수개의 행위가 외견상 수개의 구성요건을 충족한 것 같아 보이지만 이들 구성요건 사이의 관계 때문에 하나의 구성요건만 적용되고 다른 구성요건은 적용이 배척되어 형법상 1죄로 되는 경우를 말한다.

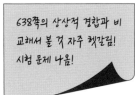

638쪽의 상상적 경합과 비교해서 볼 것 자주 헷갈림! 시험 문제 나옴!

누구나 흔들리는 시기,
멘탈을 바로잡아라

재능이
없다고
좌절하지 마라

효율적인 공부법과
강한 멘탈이면 충분하다

공부는 타고난 재능의 영역이며 애초에 잘 할 수 있는 사람과 잘할 수 없는 사람이 정해져 있다고 믿는 사람들이 많다. 실제로 주변에서 놀라울 정도로 머리가 좋은 천재들을 종종 볼 수 있다. 그들을 쫓아 똑같이 공부한다고 해서 내가 그만큼 될 수 있을지 생각해본다면 아무래도 답은 긍정적이기보다는 부정적일 확률이 높다. 공부는 재능이라는 말이 맞는 말처럼 느껴지기도 한다.

솔직히 재능이 있어야만 올라갈 수 있는 자리가 있긴 하다. 그렇지만 시험에 합격하는 모든 사람에게 우월한 공부 유전자가 있는 건 아니다. 즉 타고난 재능이 없어도 초효율 공부법과 지치지 않는 멘탈이 있다면 시험에 합격할 수 있다. 대부분의 고시는 천재 한 명만 뽑는 것이 아니다. '이 정도의 소양만 있으면 합격시켜드립니다' 하는 커트라인이 있으며 대개 1~2문제로 과락이 정해진다. 그 시험에 합격할 만한 소양을 갖춘 사람들 중 정원에 맞춰 뽑기 위해 자르는 것이다.

이런 시험은 천부적인 재능이 없어도 된다. 노력만으로 충분히 시험을 치르고 합격할 수 있는 영역이다. 지금 내가 치르려는 시험이 천재를 뽑는 시험인지 아닌지는 본인이 잘 알 것이다. 그럼에도 공부는 재능이라 생각하며 시도조차 하지 않는다면 시험에 합격할 확률은 0퍼센트다. 하지만 내가 나의 가능성을 믿으며 최선을 다했을 때는 합격률이 적어도 50퍼센트는 된다. 붙거나 떨어지거나 둘 중 하나이기 때문이다.

시험에 떨어진 사람 중 재능이 없어 떨어진 사람이 과연 몇 퍼센트나 될까? 주변에서도 "쟤는 노력이 부족해서 떨어졌대", "누구는 공부법이 잘못된 것 같더라" 등의 평가가 대부분일 것이다. 하지만 "그 사람은 진짜 머리가 안 되나 봐"라는 이야기를 하거나 들어본 적이 있는가? 적어도 나는 들어본 적 없었다. 공부 재능이 없어 시험에 떨어진 사람은 많지 않다.

천재들 사이에서
무기력함을 느낄 때

공부하다 보면 누구나 한 번씩은 이런 경험을 했을 것이다. 나와 똑같이 공부를 시작했지만 먼저 합격한 사람들, 나이가 어린데 나보다 먼저 합격한 사람들, 모의고사에서 늘 나보다 높은 점수를 받는 사람들을 보면서 무기력함과 우울감이 들때가 있다. '내가 저런 똑똑한 사람들과 경쟁할 수 있을까?', '애초에 내가 올려다보면 안 되는 곳을 목표로 두고 수험 생활에 뛰어든 건 아닐까?'

내가 스물다섯 살에 사법시험에 합격했다고 이야기하면 나보고 천재라고 하는 사람들도 있다. 그렇지만 앞서 이야기했듯 학교생활을 할 때, 고시 준비를 할 때, 사법연수원에 입소했을 때 나는 매우 평범한 사람에 불과했다. 그리고 어느 곳에 가든 나보다 더 뛰어난 사람은 반드시 있다. 그렇게 보면 나라는 사람은 그대로지만 어떤 집단에서는 내가 천재가 되기도 하고, 또 어떤 집단에서는 그저 평범한 사람이 되기도 한다.

이 사실을 염두에 두면 마음이 한층 가벼워질 것이다. 어딜 가든 나보다 잘난 사람들이 있다는 사실을 인정하자. 비교 대상을 주변의 다른 사람으로 잡으면 수험 생활 내내 열등감과 싸워야 한다.

시험에 합격하기 위해 타고난 머리가 꼭 필요한 건 아니다. 하지만 나보다 더 빨리 목표를 성취할 수 있는 사람이 있다는 사실을 부인할 필요도 없다. 다만 성적을 내는 시험이다 보니 최상위권은 언제나 존재한다. 그러나 그들은 소수이기 때문에 나의 합격을 좌지우지할 사람들이 아니다. 나는 내가 해야 할 것들을 잘해낸다면 분명히 합격할 수 있다.

내가 싸워야 할 대상은 어제의 나일 뿐 다른 사람들이 아니다. 타인을 보며 스트레스를 받기보다는 당연하게 받아들이는 연습을 하자. 남들과 자신을 비교하지 않는 것만으로도 건강한 멘탈을 유지할 수 있다.

나의 슬럼프
유형을
파악하라

공부를 시작한 초기에는 대개 의지가 강하기에 자기가 봐도 공부를 열심히 하는 것 같아 뿌듯하다. 이렇게 수험 기간을 잘 버티면 합격할 수 있을 것만 같다. 그런데 초반을 지나 3분의 1 정도 기간이 지나면 어느 순간 공부에 싫증이 나고 지쳐서 딴생각이 드는 때가 찾아온다. 수험 생활에 어느 정도 익숙해졌을 때다.

대부분 이를 슬럼프나 번아웃이라고 생각한다. 그런데 과연 슬럼프가 맞을까? 단순히 공부하기 싫은 건 아닐까? 아니면 그냥 피곤하고 졸린 걸까? 이 증상을 명확히 알아야 해결법도 나온다. 내가 무엇 때문에 어떻게 힘든지 자신을 잘 살펴봐야 한다. 여기서는 나의 슬럼프 유형과 대처 방법에 대해 알아보자.

나에게 온 이 증상이
정말 슬럼프일까

먼저 번아웃과 슬럼프의 뜻을 살펴보자. 번아웃의 뜻은 '어떤 직무를 맡는 도중 극심한 육체적·정신적 피로를 느끼고 직무에서 오는 열정과 성취감을 잃어버리는 증상의 통칭, 정신적 탈진'이다.

슬럼프는 '스태미나, 활동 등의 소침 또는 부진 상태란 의미로서 스포츠 연습 과정에서 어느 기간 동안 연습 효과가 올라가지 않고 의욕을 상실해 성적이 저하되는 시기'를 말한다(네이버 대사전).

공부를 본격적으로 하는 이 시기에 나타나는 대부분 증상은 그동안 열심히 달린 나머지 신체와 정신이 모두 탈진된 번아웃 상태라고 보기는 어렵다. 오히려 의욕 있게 계획을 세웠고, 그 계획을 열심히 다 달성했는데도 성적이 오르지 않아 의기소침해진 상태인 '슬럼프'가 맞다. 이럴 때는 열심히 하고자 하는 동력이 사라져 공부할 마음이 생기지 않는다.

공부할 때 슬럼프가 오면 왠지 나약해진 기분이 든다. '왜 갑자기 공부가 안 되지?', '남들은 열심히 잘하는데 왜 나만 슬럼프가 오지?', '공부가 내 적성에 안 맞나?' 하는 자기부정과 의심이 내면 깊은 곳에서 올라와 나를 괴롭히기 시작한다.

하지만 슬럼프가 오는 건 당신이 부족해서가 아니다. 운동선수가 매일 연습하고 기록을 쟀는데, 늘어난 연습량에 비해 기록은 그대로 이거나 줄어든다면 당연히 의지가 꺾일 것이다. 그렇다면 이런 증상은 누구에게나 오는 것일까? '책태기', '공태기'(책태기는 책 보는 일의 권태기, 공태기는 공부의 권태기를 뜻한다)가 오는 건 자연스러운 현상일까? 그렇지 않다. 이 증상은 누구에게나 오는 건 아니다. 이 증상의 전제는 '최선을 다해 열심히 했는데도 그대로인 성적'이다. 따라서 최선을 다해 노력했다는 전제가 필요하며, 열심히 하지 않은 사람들은 결코 슬럼프 증상을 느낄 수 없다. 반대로 해석하면 슬럼프를 느끼고 있는 당신은 지금까지 열심히 잘 달려왔다는 것이다. 그러니 조금은 다행이라고 생각해도 좋다.

수험 생활은 1년에 한 번 있는 시험을 위해 365일 내내 공부하며 자신을 단련하는 시간이다. 평소보다 노력해서 공부하는데 그에 대한 보상은 합격 말고는 전혀 없는 것이 이 생활의 특징이다. 아니, 보상은커녕 매일 자신의 한계와 부딪치며 벽을 넘으려고 노력해야 하는 것이 수험 생활이다.

모의고사를 볼 때마다 느껴지는 막막함, 이제 조금 이해가 된 것 같아서 안심할라치면 넘어가는 진도 때문에 나 자신을 토닥여주기보다는 또다시 자신을 몰아붙이고 앞을 향해 달려야 한다는 압박감…. 그런 상황 속에서 매일 싸우다 보면 지칠 수밖에 없고 슬럼프가 올 수밖에 없다.

오히려 공부를 열심히 하지 않는 사람들은 슬럼프가 오지 않는다. 적당히 휴식을 취하고 잠을 충분히 자는 사람, 공부를 적게 해서 한계에 부딪치지 않는 사람에게 슬럼프가 올 리가 없다. '내가 지금 공부를 너무 열심히 해서 몸이 지쳤다고 신호를 보내는구나', '지금 나 잘하고 있구나', '그런데 조금은 쉬어가는 게 좋겠어', '과부하가 걸리기 전에 내 몸이 보내는 신호구나' 하고 생각하면서 조금은 안심하는 기회로 삼아도 좋다.

다음은 내가 수험생이었을 때 체크했었던 슬럼프 자가 진단 항목이다. 5개 이상 해당하면 '슬럼프가 왔다'고 판단했다.

슬럼프 자가 체크리스트

1. 자꾸만 불안, 초조, 슬픔이 찾아와 눈물이 난다.
2. 집중력이 흐트러져 40분 이상 앉아 있지 못한다.
3. 오전, 오후, 저녁 중 한 타임은 공부를 못하는 기간이 3일 이상 지속된다.
4. 타인에게 자주 불평하고 짜증을 낸다.
5. 쉽게 맞히던 문항들을 자꾸 틀린다.
6. 일주일 이상 몸의 컨디션이 좋지 않다.
7. 불안 때문에 잠이 쉽게 오지 않는다.

슬럼프가 왔을 때
나타나는 증상

처음 공부하는 사람들은 슬럼프가 오면 멘탈이 급격히 무너지고 심지어 공부를 포기하기도 한다. 왜 우리는 슬럼프를 겪으면 멘탈이 나약해지는 걸까?

자기의심

슬럼프가 오면 가장 먼저 하는 것이 나의 능력에 대한 의심이다. '나는 결국 여기까지가 한계인 사람인가?', '내 주제에 욕심을 냈던 걸까?' 하는 생각들로 머릿속이 가득 차는 게 가장 큰 문제다. 자신을 의심하면 머릿속이 공부로 채워지는 게 아니라 불안으로 채워진다. 종일 의심하고 불안해하니 집중하기 힘들고 문제들이 머리에 들어갈 리 없다.

우울감

또한 우울감, 두려움이 찾아온다. 왜 공부를 한다고 해서 이런 고생을 하고 있을까 하는 생각이 들고 주변에 공부하지 않는 다른 친구들이 보인다. 이미 취직한 친구들의 SNS를 보면 여행도 가고 좋은 음식도 먹으러 다니는 것 같은데 왜 나는 이 고생을 하고 있나 하는 마음이 든다. 나 혼자 뒤처지는 것 같다는 생각이 정신을 갉아먹기 시작한다.

슬럼프가 언젠가 끝나리라는 확신만 있으면 자기의심이나 우울감도 없을 것이다. 하지만 슬럼프를 겪고 있는 시간이 늘어날수록 자기의심과 우울감이 심해진다. 그러면서 뒤따라오는 게 두려움이다. 합격자 발표일에 내 이름이 없는 것을 상상하고 주변의 조롱에 대한 두려움, 앞으로 해야 할 사회생활이 막막하게 느껴진다.

게으름

이쯤 되면 당연히 공부에 열정이 식고 게을러진다. 매사에 무기력해지고 아침에 일어나는 것이 싫어진다. 알람 소리를 들어도 두세 번씩 끄고 다시 잠자리에 들며, 어차피 늦게 일어났으니 점심 먹고 독서실에 가야겠다며 오후 늦게 집을 나선다. 독서실에 가면 한창 공부하고 있는 수많은 사람을 보며 또다시 스트레스를 받는다. 그러나 스트레스와는 별개로 공부는 계획의 반도 하지 못한다.

슬럼프를
극복하는 법

나 역시 슬럼프를 경험했기에 얼마나 힘들고 지치는지 안다. 하지만 앞서도 말했듯이 슬럼프가 오는 것은 지극히 정상이며, 이를 잘 넘기기만 하면 끝까지 공부할 수 있다.

슬럼프가 왔을 때 반응은 사람마다 다를 수 있다. 나는 슬럼프가 오는 날은 책장이 단 한 장도 넘어가지 않았다. 비교적 쉬운 과목을 공부하거나 기본서를 정리하는 등 단순 노동 같은 공부를 하며 시간을 채우려고 해도 쉽지 않았다. 그렇게 버티고 버티는데도 버텨지지 않는 날은 우울감에 사로잡혔고, 이런 증상은 짧게는 하루, 이틀이었지만 길게는 일주일까지도 갔다.

하지만 슬럼프가 당연한 증상이듯 슬럼프를 극복하는 것도 당연히 가능하다. 나는 슬럼프가 온 원인을 찾으려 노력했고, 다음과 같이 각각의 원인에 따라 극복하려고 노력했다. 내게 도움이 된 방법이 당신에게도 효과가 있었으면 좋겠다.

부정적인 생각에 휩쓸렸다

'오늘 12시간 공부하려고 했는데 10시간밖에 못 했네. 역시 난 의지가 박약해', '다른 친구들은 화장실도 안 가고 공부만 하는 것 같아. 그에 비해 나는 화장실을 너무 자주 가는 것 같네. 이러니까 다른 사람들보다 성적이 더 안 나오는 거 아니겠어?'와 같이 자기의심, 부정적인 생각만 하면 슬럼프에 빠질 수밖에 없다.

이럴 때는 감정을 조금만 추스르고 객관적으로 생각해보자. '진짜로 화장실에 간 것 때문에 공부를 하지 못했을까?', '12시간을 계획하고 10시간밖에 못 했지만, 과연 10시간 동안 공부한 게 적은 걸까?'라고 스스로 물어본다면 그렇지 않다는 대답이 나올 것이다. 즉 당신은 합리적이지 않고 즉각적인 감정에 휘둘리고 있다. 지금의 감정에서 한 발짝 떨어져 나와 보면 작은 감정 하나를 지나치게 크게 느꼈음을 알게 된다.

그다음엔 이렇게 생각해보자. '어차피 이미 지나간 시간이며 내가 바꿀 수 없는 과거다. 부정적인 감정으로 자책하기보다는 지금까지 해온 것에 대해 긍정적인 마음을 가지려고 노력해보자'라고 말이다. 물론 머리로는 이해되지만 막상 그런 마음을 가지려면 어려울 수 있다. 나도 쉽진 않았다. 하지만 포기하지 않고 입 밖으로 긍정적인 말을 꺼내 말해봤다. 놀랍게도 말을 하니 생각이 바뀌었다. 긍정적인 말을 하니 긍정적인 사고로 바뀐 것이다. 말하기 어려운 상황이라면 5분 정도의 명상으로도 생각이 바뀔 수 있다.

스스로에게 "수고했어", "내일도 똑같이 공부를 잘 해낼 거야"라고 긍정적인 메시지를 전해보자. 그리고 거울을 보면서 웃는 연습을 한다. 행복해서 웃는 게 아니라 웃어서 행복해진다는 말이 있듯이 몸이 정신을 통제하는 걸 느낄 것이다. 부정적인 감정의 회로에 나를 가두거나 방치해선 안 된다. 부정적인 생각의 고리를 끊어내고 의식적으로 행복하고 긍정적인 생각과 말을 해야 한다.

데이먼 자하리아데스(Damon Zahariades)의 책《멘탈이 강해지는 연습》에서도 강한 멘탈을 가진 사람들은 감정을 조절하는 데 대가가 된 이들이라고 말한다. 강철 멘탈을 장착한 사람들은 부정적인 감정을 전혀 경험하지 않는 게 아니다. 오히려 이런 감정을 파악해 자신을 다잡은 뒤, 다시금 목적을 갖고 앞으로 나아간다. 이렇듯 좋

지 않은 감정들을 추려낸 다음 마주하고 긍정적으로 바꾸는 연습을
하도록 하자.

보상 없는 시간이 점점 길어졌다

정해놓은 스케줄에 따라 열심히 공부했는데 모의고사 성적이 낮게
나오는 경우가 있다. 또는 스터디원과 같이 공부했는데 나 혼자서
진도가 계속 뒤처지기도 한다. 한마디로 '결과'가 나오지 않는 것이
다. 사실 점수라는 결과는 내가 열심히 노력한 것에 대한 보상이라
고 볼 수 있다. 보상이 없는 시간이 계속되면 슬럼프가 찾아오는데,
이럴 땐 내게 작게라도 보상을 하면 쉽게 해결할 수 있다.

예를 들어 오늘 100쪽을 공부하기로 목표를 세웠다고 하자. 목
표대로 100쪽을 무사히 공부하면 자신에게 작은 상을 주는 것이다.
평소보다 일찍 집으로 가거나, 금요일 밤에는 먹고 싶어도 참았던
메뉴를 저녁으로 먹어도 된다는 식으로 말이다. 이와 같은 단기 보
상이 있으면 마치 게임을 클리어하는 듯한 성취감이 생긴다. 혼자
해도 되고 스터디원들과 함께 해봐도 좋다.

장기간 쉬지 않고 공부했다

하루에 12시간 이상씩 공부하면서도 따로 쉬는 날을 정하지 않은
경우에도 슬럼프가 올 수 있다. 이때는 나도 사람이라는 걸 인정해
야 한다. 3개월 동안 거의 쉬지 않고 공부했던 한 지인은 그 뒤 한 달

에 한번씩 계속 슬럼프가 와서 수험 생활을 포기하기 직전까지 가기도 했다. 쉬지 않고 계속 공부할 때는 내가 타인보다 더 독하고 대단한 사람인 것처럼 느낀다. 그러나 내 몸은 이미 건강의 적신호를 보내고 있을 것이다. 적어도 일주일에 한 번이나 하루 세 타임(오전, 오후, 저녁) 공부하는 동안 틈틈이 쉬도록 한다.

슬럼프의 원인은 모두가 다를 수 있다. 누군가는 한 달 동안 쉬지 않고 공부해도 괜찮을 수 있지만, 누군가는 일주일에 한 번은 쉬어야 한다. 내가 어떤 타이밍에 슬럼프가 오는지 체크하는 시간을 반드시 가져야 한다.

슬럼프가 왔을 때마다 일단 스케줄러에 표시하자. 슬럼프의 기준은 하루에 두세 시간 이상 공부를 못 하거나 이상하게 우울한 마음이 들어 눈물이 나거나 극단적으로 공부를 아예 하지 못하는 경우 등이 있다. 나는 슬럼프가 와서 공부를 못 한 날에 '오전 3시간, 오후 ×, 저녁 4시간' 이런 식으로 표시했고, 종일 못 한 날은 전부 ×로 표시했다.

슬럼프 주기 체크 예시

6월 ○○일	6월 ××일	6월 □□일

· 슬럼프 시작됨.
· 오전 3시간, 오후 X,
  저녁 4시간
	· 슬럼프 이어짐.
	· 오전 1시간, 오후 1시
	  간, 저녁 3시간
		X

이렇게 슬럼프가 오는 주기를 체크하다 보면 일정한 패턴이 보인다. 나는 3개월 주기로 슬럼프가 오는 패턴이 있었다. 그래서 공부 계획을 세울 때 슬럼프가 오는 시기도 고려해 계획을 세웠다. 슬럼프가 올 즈음에는 계획을 조금 느슨하게 세우거나 머리를 많이 쓰지 않아도 되는 공부를 했다.

슬럼프가 오면 당연히 멘탈이 무너진다. 이미 세워둔 계획이 있는데 이를 할 수 없는 나 자신에게 당황하기 때문이다. 그렇지만 슬럼프가 온다는 것을 미리 알고 대처하려고 노력하는 사람과 알지 못하다가 갑자기 마주하는 사람이 흔들리는 것은 다르다. 그러니 언제든 슬럼프가 올 수 있음을 받아들이고 자신을 잘 살피도록 하자.

최선을 다해
독하게
공부하라

'저렇게까지 독하게 해야 해?' 종종 이런 말이 나오게 만드는 사람이 있다. 정말로 독하게 공부하는 사람들이 주변에 꼭 한 명은 있다. 게다가 독하게 공부하는 방법도 여러 가지다. 잠자는 시간을 줄이고, 모든 인간관계를 끊고, 식습관과 화장실 가는 패턴까지 철저하게 통제하는 그들에 비하면 나는 양반이었다. 하루에 3~4시간을 자고도 공부하는 사람이 있다고 하는데 나는 체력이 부족해서 어려웠다. 그래서 늘 '5시간 이상 자면서 다른 사람들보다 많이 공부하려면 어떻게 해야 할까?'를 고민했다. 결론은 '마음가짐을 독하게 먹기'였다. 그렇게 낭비되는 1초까지 최대한 아끼고자 했다.

'독한 마음'을 먹어본 나로서는 자신 있게 말할 수 있다. 3시간만 자면서 공부하지 않아도 독한 멘탈로 최대한의 집중력을 발휘한다면 얼마든지 합격할 수 있다고 말이다. 여기서는 내가 했던 독한 공부법을 공개하겠다.

커피 마시는 시간도
아까워하라

커피는 모든 현대인의 필수품이 아닐까. 특히 수험생들에게 커피는 떼려야 뗄 수 없는 음료다. 카페인으로 잠을 깨우는 작용뿐만 아니라 머리와 기분을 모두 환기해서 공부를 시작할 수 있는 컨디션을 만들어준다.

그런데 나는 아메리카노를 마시는 그 시간이 너무 아까웠다. 처음에는 커피를 어차피 마셔야 하기도 했고, 잠을 깨우는 좋은 방법이라고 생각했다. 그러다 어느 순간, 350밀리리터의 아메리카노가 양이 너무 많은 것같이 느껴졌다. 커피를 마시는 시간도 사치인 것 같았다. 공부하면서 홀짝홀짝 커피를 마시는 몇 분 동안은 책에 온전히 집중하지 못하는 느낌이었다. 답답해서 아메리카노는 도저히 못 마시겠다 싶었다.

그래서 차선책으로 에스프레소를 먹기 시작했다. 에스프레소는 양이 확연히 적고 카페인은 세다. 한입에 홀짝 마시니 바로 공부할 수 있어서 좋았다. 카페인이 센 커피를 한 번에 들이부으니 당연히 잠이 더 잘 깨는 것 같았다. 내게 커피는 그냥 잠을 깨는 용도였을 뿐 맛은 아무 상관이 없었다. 에스프레소를 단숨에 들이붓고 바로 공부를 하러 들어가니 시간도 절약되고 좋았다. 나는 2차 사법시험을 치르는 나흘 동안에도 에스프레소를 마셨다.

단 30분도
허투루 쓰지 마라

이 이야기를 하면 불효자라고 나를 욕하는 사람도 있지만 독한 마음을 먹고 공부하려는 수험생들에게 조금이나마 도움이 될 것 같아 적는다.

부모님이 가끔 신림동 고시촌에 오셨다. 오셔서 맛있는 밥도 사주시고 조언도 해주시는 부모님께 감사했다. 그런데 부모님은 지방에서 오셨기 때문에 시간이 좀 늦어질 때도 있었다. 어느 날은 오후 1시에 도착하신다고 해서 시간에 맞춰 공부를 다 끝냈다. 하지만 도로가 무척 막혔고, 결국 30분 늦게 신림동에 오셨다.

2시간 넘게 운전하고 오신 부모님을 생각하면 감사한 마음으로 밥을 먹어야 했다. 하지만 그때 나는 시간에 대한 압박감이 너무 컸다. 지체된 30분을 낭비해버렸다는 생각에 "왜 바쁜 사람한테 오면서 시간 약속도 못 지키냐"라며 버럭 소리를 질러버렸다.

부모님은 화를 내시기는커녕 나의 이런 성깔을 보고 안심하셨다고 했다. 공부를 열심히 안 하고 있으면 30분이 뭐가 아깝냐고 했을 텐데, 얼마나 열심히 하면 저 시간이 아깝다고 저렇게 짜증을 낼까 싶으셨단다. 부모님께 화를 냈던 건 지금도 반성하고 있다. 하지만 당시에는 그만큼 시간이 소중했다. 30분이 주어지면 할 수 있는 공부 분량이 머릿속에 저절로 떠올랐기에 그 순간이 너무나 아까웠다.

30분이면 복습하면서 책을 100장 볼 수 있다. 아침에 30분을 더 잤으면 정말로 개운하게 일어났을 것이다. 그 소중함과 가치를 알고 있었기에 더 억울했고 유난을 떨었다. 그 시간 동안 내가 해낼 수 있는 것들은 정말로 많았기 때문이다.

적은 돈을 모아 큰 부자가 된 사람들이 1,000원, 1만 원의 소중함을 아는 것처럼 시간을 소중하게 쓰는 사람은 시간을 날리게 되었을 때의 안타까움, 후회도 남들보다 더 크게 느낄 수 있다. 반면에 30분의 시간이 주어졌을 때 그 시간 동안 무엇을 해야 하는지 알지 못하는 사람, 목표 의식이 없는 사람에게는 30분이라는 시간이 전혀 아깝지 않다. 어차피 30분이 주어져도 그 사람은 그 시간을 이용할 줄 모르기 때문이다. 시간은 누구에게나 공평하게 주어지지만 얼마나 가치 있게 쓰는지는 사람마다 다르다. 합격하는 사람들은 이 30분의 소중함을 알고 있다.

성공하는 사람은 결코 시간을 허투루 생각하지 않는다. 자투리 시간은 자투리 시간대로, 큰 시간은 큰 시간대로 필요한 상황에 맞춰 적절하게 이용할 줄 안다. 합격하는 사람의 한 끗 차이는 바로 이런 부분에서 나온다. 시간은 누구에게나 공평하지만, 시간의 밀도는

다 다르다. 어떻게 사용하는지에 따라 시간은 100배로 늘어날 수도 있고, 어쩌면 100배로 줄어들 수도 있다. 단 30분이라도 아깝다는 생각으로 공부에 임하면 반드시 합격할 수 있다.

주변의
시선을
견디는 법

남들의 말이 아닌
내 선택을 믿어라

       사법시험을 치르기로 결정하고 합격이라는 꿈을 가졌을 때 그건 말 그대로 꿈이었기에 반짝반짝 빛이 났다. 하지만 눈부시게 빛나는 동시에 나를 고독이라는 어둠으로 몰아넣었다. 어쩌면 주위에 사법시험을 공부하는 친구들이 많이 없어서 더 그랬던 것 같다. 친하게 지냈던 대학 동기들도 시험공부를 하면서 멀어질 수밖에 없었다.

    멀어지는 건 친구뿐만이 아니었다. 대학교 캠퍼스에서 입고 싶어 샀던 원피스, 구두, 핸드백은 모두 서랍 속으로 들어갔다. 나도 친구들처럼 예쁘게 차려입고 학교에 다니고 싶었지만 고시생이 많은 독서실에 그런 차림으로 가면 눈치가 보이기도 하고 불편했다. 열심히 공부하는 사람들에게 피해를 줄 이유도 없거니와 나 역시 공부만 하는데 불편한 옷을 입을 이유가 없었다.

25세에 사법시험에 붙었다고 하면 대부분 사람은 "와, 진짜 빨리 붙으셨네요"라고 말한다. 하지만 여자 나이 25세면 대부분은 취업하고도 남을 나이다. 여전히 학생의 신분으로 있는 나와 달리 친구들은 대학을 졸업하고 사회생활을 시작하고 있었다. 오랜만에 만난 친구들과 대화하다 근황을 물어오면 고시 공부를 한다고 답했는데, 그 말을 꺼내는 순간 분위기가 싸해지고 대화에 끼지 못하는 걸 여러 번 느꼈다. 친구들과 어울리지 못한다는 생각이 들어 결국에는 관계가 점점 멀어졌다.

그때 참 이상하다는 생각을 많이 했다. 내가 죄를 지은 것도 아니고 그저 공부하겠다는 건데, 모두가 응원해주리라 생각했던 것과 달리 다들 불신의 눈빛을 보내는 것만 같았다.

고등학교, 대학교 친구뿐만이 아니었다. 친척들조차도 "우리나라 최고인 서울대를 나와도 고시에 떨어지는 사람이 수두룩하다. 욕심을 버리고 현실적인 일을 찾아보는 건 어떻겠니?"라고 말하곤 했다. 나도 확신이 없었지만 주변 사람들이 더 불안해하고 믿지를 못하니 도무지 공부에 집중할 수 없었고 여러모로 도움이 되지 않았다.

그때는 섭섭하기도 하고 이해되지 않았지만 지금 돌아보면 그들이 왜 내게 그런 말을 할 수밖에 없었는지 이해된다. 다른 사람들과 너무나 다른 선택을 한 나를 이해할 수 없었을 것이고, 어떻게 결과가 나올지 모르니 당연히 응원만 할 수는 없었을 것이다.

남들과 다른 선택을 한 내가 남들에게 이해받지 못하는 것은 당연하다. 그리고 남들과 다르게 살려고 선택한 길이었으므로 남들에게서 이해를 바라는 것도 욕심이다. 결국은 나 자신을 믿고 앞으로 나아갈 수밖에 없다. 내가 다른 꿈을 꾸고 있다면 남들과 똑같이 살아서는 안 된다. 오늘 하루에 남보다 한 걸음이라도 더 걸어야 5년 뒤, 10년 뒤 인생이 바뀐다.

사실 시험을 보든, 회사에 취직하든 모든 시선은 비슷할 것이다. 당사자가 아니기에 겉만 보고 평가할 수 있는 게 아닐까? 지금 당신도 공부를 시작하고 사람들과 다른 길을 걷기 시작하면 이런 고독함을 느낄 수 있다. 그럴 땐 정보를 얻기 위해서든, 약간의 동질감을 얻기 위해서든 스터디를 찾아라. 이해까지는 아니더라도 나를 비난하지 않을 사람들을 찾으면 된다. 지금 당장 주변 사람에게 이해받기 위해 애써 노력할 필요가 없다는 뜻이다.

무시와 무관심을 견디는 법

"그 시험, 어렵다던데 되겠어?", "요새 고시에 붙어봤자 별것 없다던데?" 같은 말에 흔들릴 필요가 없다. 그냥 그들도 아는 게 없어서, 해본 적이 없어서 아주 쉽게 나오는 말이라고 생각하라. 그들을 미워할 필요가 없으며 가벼운 말에 흔들릴 이유는 더더욱 없다는 이야기다. 지금 하던 대로만 하라.

꿈을 이루기 위해 노력조차 해보지 않고, 성공하지도 못한 이들의 말은 껍데기일 뿐이다. 아무것도 검증되지 않고 논리도 없으며 증거도 없는 말이다. 열심히 공부하고 합격해본 입장에서 지금 당신이 원하는 목표, 그 꿈을 실제로 이루고 나면 힘든 시기와 말들은 다 잊혀진다는 이야기를 꼭 해주고 싶다.

유튜브 영상으로 아무도 내 꿈을 응원해주지 않았던 시절에 대해 올린 적이 있다. 그때 많은 구독자가 궁금해한 내용이 "시험에 합격하고 나서 주변에서 뭐라고 하던가요?"다. 드라마틱한 반전을 기대하고 한 질문이겠지만 주위 반응이 딱히 변한 것은 없었다. 애초에 그들은 내 인생에 관심이 없었기 때문이다. 사법시험 공부를 하겠다고 했을 때 즉흥적으로 "그거 되겠어?"라고 쉽게 내뱉었던 것뿐이다. 그들은 본인이 그런 말을 했다는 것조차 잊었을 것이다.

내 인생에 관심이 있는 사람은 오직 나뿐이다. 원래 사람들은 타인의 삶에 그리 관심이 없다. 가벼운 날씨 인사처럼 흘리듯 말하고 지나갈 뿐이다. 나를 정말로 아끼고 위해주는 몇몇을 제외하고는 각자가 서로의 일상에서 바쁘기에 다른 사람에게 그만한 에너지를 쓰지 못한다.

공부하다 보면 삶은 왜 이렇게 가혹할까 싶은 생각이 드는 때가 있다. 나보다 더 안락한 환경에서 공부하는 친구, 나보다 공부를 안 하는 것 같은데 성적이 잘 나오는 친구가 보인다. 반면 나는 지원도 받지 못하고 응원도 없이 공부하는데 성적은 늘 바닥이니 온통 세상이 절망뿐이다.

그때마다 폭풍의 한가운데에 있다고 상상해보자. 폭풍 속에서 살아남을지, 포기하고 휩쓸려갈지 생각해보는 것이다. 인생은 웅크려 숨어서 폭풍이 지나가길 바라는 게 아니라 폭풍 속에서 버티는 것을 연습하는 일과 같다고 한다. 절망감에 폭풍이 그냥 나를 쓸어가도록 두기보다 그 한가운데에 서서 내가 할 일을 하다 보면 어느 순간 폭풍이 사라지고 맑은 무지개가 떠 있을 것이다.

★
D-299~D-200
기간을 위한
공부 명언

인간의 정신과 육체는 쓰면 쓸수록 강해진다.　　　　　_미상

당신이 뛸 경우, 당신은 질지도 모른다. 하지만 뛰지 않는다면, 당신은 확실히 진다.　　　　　_제시 잭슨(Jesse Jackson)

모든 인생은 실험이다. 더 많이 실험할수록 더 나아진다.
_랄프 왈도 에머슨(Ralph Waldo Emerson)

Part 03

극한의 순간을 넘는 법

: 중간 지점

이제는 공부를 시작하고 중간 지점을 넘어서는 단계다. 앞서 계획도 철저히 세웠고 공부법을 수정하기도 했다. 나만의 공부 루틴도 정해졌다면 독하게 공부에 임해보자. 일명 공부 스킬과 멘탈 관리법의 심화 파트다. D-199에서 D-100까지, 이 기간에 더욱 집중해야 해야 할 중요한 것들을 모아놓았다.

Chapter
05

무조건 합격하는
공부법

기본서의
양을
줄여나가라

시험 100일 전까지는 기본서에 내용을 추가하는 정리법으로 공부했다면, 100일을 남긴 시점부터는 기본서의 양을 줄이면서 공부해야 한다. 개념에 대한 이해와 암기가 어느 정도 되어 있는 시기이므로 아는 것과 모르는 것이 분명히 구분되어야 한다. 앞서 2부에서 3회독 공부법으로 소개한 내용인데 다시 자세히 살펴보겠다.

아는 것은
지워나간다

100일 전까지 책을 정리하다 보면 유난히 깨끗한 구간이 보일 것이다. 필기가 없는 이유는 두 가지 경우다. 첫째, 시험에 나오지 않는 파트라 깨끗하다. 둘째, 시험에 나오긴 하지만 내가 항상 맞히는 부분이기 때문에 추가하거나 덧붙일 내용이 없어 깨끗하다.

중요하다고 해도 계속 정답을 맞히고 다 아는 내용이라면 굳이 더 볼 필요가 없다. 이런 경우는 빗금 표시를 해서 보지 않도록 한다. 그런데 그 내용을 아는지 모르는지 헷갈리면 어떻게 할까? 이럴 때는 책의 목차를 보자. 목차만 봤는데 세부적인 내용이 기억나고 그 기억에 오류가 없다면 아는 것이다. 그런 경우는 연필로 빗금 표시를 해서 내용을 지우면 된다.

중요하지 않은
부분은 지운다

강사의 강의를 듣거나 기출문제를 분석할 때 한 번도 나오지 않은 개념이나 파트가 있다. 나는 시험 100일 전부터는 그런 부분에 시간을 할애할 필요가 없어 연필로 빗금을 쳐서 지워버렸다. 앞서 이야기했듯 빗금은 다시는 보지 않겠다는 의미가 아니다. 다시 볼 필요가 없다면 찢어서 버리거나 볼펜으로 줄을 긋지만 나는 연필로 그었다.

우선 안다고 생각했는데 문제 풀이를 하다가 다시 헷갈리는 개념이 된 경우가 있을 수 있다. 그런 경우는 연필로 그은 빗금을 지우고 다시 살리면 된다. 그리고 빗금으로 표시하는 경우는 일단 다시 보지 않겠다는 생각으로 긋는 것이지만 아예 보지 않는다는 의미는 아니다.

이 빗금은 우선순위를 뜻하는 것이다. 예를 들어 형법이라는 과목을 3회독으로 10일 동안 본다는 계획을 세웠다면 기본서를 볼 때 빗금을 친 부분과 치지 않은 부분의 공부 강도를 조절할 수 있다. 나 같은 경우 빗금을 치지 않은 부분을 먼저 보고 빗금을 친 부분은 일단 패스했다. 그리고 남는 시간이 있으면 그때 빗금 친 부분을 다시 봤다.

빗금을 치지 않은 부분과 친 부분의 비율이 7 대 3이라고 해도 실제 배분되는 공부 시간은 9 대 1 정도였다. 70퍼센트를 90퍼센트의 시간을 들여 공부했고 빗금 친 30퍼센트는 10퍼센트의 시간만 썼다. 빗금을 친 부분은 중요하지 않거나 이미 아는 것이라 그 정도만 공부해도 충분했다. 시간을 효율적으로 활용해야 하기 때문에 썼던 전략이었다.

머릿속이
꽉 찼을 때,
최후의 암기법

공부를 시작하고 지금까지 누구보다 열심히 달려온 당신, 이제 수험 생활의 중간 지점을 넘어 왔다면 공부한 내용을 어느 정도 이해했을 것이다. 물론 아직 어려운 부분도 있을 수 있다. 그러나 이때부터는 이해보다 암기의 비중이 더 높아야 한다. 이해가 안 되면 계속 정체되어 시간만 잡아먹기 때문이다. 지금 우리는 어떻게든 암기로 머릿속에 넣어야 하는 구간에 온 것이다. 당연히 이해하면 암기도 빠르겠지만 그러지 못할 때, 일단 무작정 외워야 할 때 내가 실제 사용했던 방법들을 소개한다.

오감 활용
암기법

책을 보고 암기하는 건 단순하니 쉽다고 생각할 수 있다. 하지만 간과한 게 있다. 눈도 지치고 뇌에도 용량의 한계가 올 수 있다. 머릿속이 꽉 차서 더 이상 들어갈 데가 없는 기분이 들 때가 있다. 나는 이럴 때 머릿속에 하나라도 더 밀어 넣으려고 말 그대로 온몸을 사용하는 방식, 즉 보디랭귀지 암기법을 이용해 암기했다.

손을 쓰는 암기법

손을 사용하는 암기는 특별한 건 아니다. 예를 들어 하나의 쟁점에 대한 근거를 네 개 외워야 한다고 가정해보자. 그러면 손가락을 펼치면서 '하나, 둘, 셋, 넷' 꼽는 것이다. 손을 하나 움직이는 것만으로도 암기력이 확실히 상승하는 걸 느낄 것이다. 손가락 이외의 것을 사용해도 된다. 그저 몸을 움직이면서 암기하는 것만으로도 효과가 커진다. 팔짱을 꼈다가, 손을 위로 올렸다가 아래로 내리거나, 온몸을 가볍게 스트레칭하면서 외우면 암기가 잘된다. 몸을 움직이는 것이 암기하는 것이 뇌를 활발하게 해서 암기가 잘된다고 한다.

보디랭귀지를 사용하는 것은 집중력을 잃었을 때도 유용하다. 도저히 집중이 안 되고 몸에 기력이 빠질 때 정답이 'ㅇ'이면 손으로 동그라미를 그리고, 'X'면 손으로 엑스를 그리면서 공부했다. 또한 글자를 실제로 쓰진 않지만 쓰는 척 허공에 그리며 외우기도 했다. 낙서를 하듯 손과 손가락을 계속 움직이면 머리가 멍해지는 것을 막을 수 있다.

두 발로 공부하기

서서 암기하는 것도 의외로 도움이 된다. 실제로 사법연수원에 다닐 때 봤던 친구의 사례인데, 그는 공부하다가 갑자기 강의실 맨 뒤편으로 나가곤 했다. 나중에 이야기를 들어보니 그는 이해나 암기에서 막히는 부분이 있으면 뒤로 가서 몇 시간이고 서 있으면서 생각을 정리한다고 했다.

나도 집중이 잘되지 않으면 독서실 밖으로 나가 걸으면서 암기했다. 앉아만 있을 때 공부가 잘 안 되면 서서 공부하고, 서서도 안 되면 나가서 걸으며 공부하기도 했다. 몸을 쓰는 활동이기 때문에 환기가 되면서 집중력도 달라진다.

입 밖으로 내뱉어 말하기

쉽게 말해 '나 홀로 하는 Q&A'다. 스스로 물어보고 대답하는 식으로 외우는 것이다. 주로 논술형 답안을 써야 하는 경우 질문을 던지고 쟁점과 논거, 판례를 줄줄 답할 수 있는지 확인할 때 유용하다. 이미 잘 알고 있다고 생각하는 것도 말로 풀어내면 버벅거리는 경우가 있다. 말로도 잘 안 나오면 긴장되는 수험장에서 막힘없이 시간 내에 술술 답안으로 써 내려가는 건 거의 불가능하다. 안다고 생각했지만 모르는 것과 마찬가지라고 생각하면 된다.

정말 집중이 안 될 때 머릿속에 집어넣겠다는 생각도 필요 없다. 그저 혼자 낭독해보라. 소리 내서 낭독할 수 있는 공간이라면 더 좋겠지만 조용히 해야 하는 독서실이라면 그냥 소리 내지 않고 입만 움직여도 좋다. 그러면 일부러 노력하지 않아도 자연스럽게 내용이 머릿속에 입력되는 느낌을 받을 수 있을 것이다. 다음과 같이 다양하게 적용할 수 있다.

- 하나의 주제를 고른 후 답안지에 쓸 답을 먼저 말해본다.
- 목차 하나를 선정하고 여기에 해당하는 소제목을 외워본다.
- 단순하게 주제와 관련된 키워드를 말로 뱉어본다.

때론 유치한 암기법이
도움이 된다

암기를 세련된 방법으로만 할 필요는 없다. 내 눈과 머리에만 잘 들어오면 어떤 방법이든 상관없다. 나는 암기가 안 되면 춤을 추고 노래를 부르면서도 외웠다. 평소와 다른 어조로 암기하면 머리에 잘 들어가니까, 앉아 있을 때보다 서서 움직이면 더 암기가 잘 되니까 선택한 방법이었다. 물론 이런 모습을 남들에게 보이면 피해를 줄 수 있으니 주위에 사람이 있는지 없는지 미리 확인해야 한다.

암기도 안 되고 집중도 안 되면 마치 과외를 하듯 설명하는 척 연기하기도 했고, 뉴스를 진행하는 앵커처럼 상대방에게 어떤 사실을 알려주듯 말하기도 했다. 가끔은 '지금 뭘 하는 거지. 나 바보 아냐?' 하는 생각이 들기도 했는데 막상 시간이 지나고 보면 놀랍게도 외워져 있었다.

· 아나운서나 앵커처럼 말해보기

· 학생을 앞에 두고 과외를 하는 듯 말해보기

· 노래에 가사 붙여 암기하기

· 춤추면서 안무에 맞춰 암기하기

· 상황극을 하며 암기하기

두문자 암기법의 사례

나는 행정법을 공부할 때 특히 어려웠다. 행정법은 다른 과목들과 성격이 너무나도 달랐기 때문이다. 민법이나 형법은 나름대로 체계가 있었지만 행정법은 그런 것이 없었기에 이해 위주로 공부하면 성적이 좋지 않았다. 그래서 내 가치관에는 맞지 않았지만 암기 위주의 학원 강의를 듣게 되었다.

그 강사는 '이해는 사치다, 암기하라. 암기하면 이해된다'라는 공부 철학을 가진 사람이었다. 100퍼센트 동의하지 않았지만 시간이 없을 때라 최선이라 생각했다. 그 강사는 두문자를 활용해 암기하는 방법을 알려주었다. 처음엔 듣고 피식 웃음이 나는 정도였지만, 신기하게도 일단 외운 후 답안지를 쓰다 보니 학설과 판례 등이 자연스럽게 이해되었다.

그러니 정말 이해가 안 되면 우선 유치한 방법을 써서 암기라도 해보라. '선 이해 후 암기'가 정석이지만 이해가 안 되면 '선 암기 후 이해'라도 시도해보는 것이다. 다만 오해하지 않았으면 좋겠다. 이해하지 못하고 암기만으로 시험에 합격할 수 있다는 말이 아니다. 정말 이해가 되지 않고, 혼자서 외워지지도 않는 극한의 상황에 내몰렸을 때 유치한 방법으로라도 암기라도 하고 나면 내용이 이해되기도 한다는 걸 말하고 싶었다.

다음은 두문자 암기법의 예시다. 어려운 개념을 내용별로 끊어주고 앞 글자를 이어 붙여 두문자를 만들어 연상 효과를 내는 방법이다.

• **개념**

영업양도는 일정한 영업목적에 의해 조직화된 유기적 일체로서의 기능적 재산인 영업재산을 영업의 동일성을 유지하며 일체로 이전하는 채권계약이다.

• 끊어주기

영업양도는 / 일정한 영업목적에 의해 / 조직화된 유기적 일체로서의 / 기능적 재산인 영업재산을 / 영업의 동일성을 유지하며 일체로 이전하는 채권계약이다.

• 두문자 적용

일기는 재동이한테 일체로 이전시켜라.

학원에서 수년간 학생들을 가르쳐온 강사가 두문자를 만드는 건 다 이유가 있다. 유치하고 말이 안 되는 것 같아도 입에 착 감기고 잘 외워진다.

상법 강의를 들을 때 한 강사가 알려준 '원성당제절판'이라는 두문자도 있다. '소의 원인/소의 성질/소의 당사자/제소 기간/소의 절차/판결의 효력' 목차를 두문자로 만든 것이다. 논술 시험 때 답안을 쓰기 위한 내용이었는데, 이를 두문자 없이 그대로 외우려고 하면 쉽지 않다. 키워드 중 하나라도 빠뜨리면 논술형 시험에서 점수를 통째로 날리기 때문에 두문자를 만든 것이다.

또한 다른 수험생들은 다 암기하고 있어 놓칠 일이 없는데, 나만 모르고 있으면 안 된다. 남들이 다 아는 두문자는 나도 알고 있어야 안전하다.

효율적인 키워드 암기법

사실 기본서는 내용 이해를 위해 풀어 쓴 것이기에 목차, 각 문단과 문장 등이 길 수밖에 없다. 따라서 내용 이해를 끝내고 외워야 할 때(모두 이해되지 않고 암기해야 하는 단계에 들어갔을 때도) 책에 나와 있는 전체 문장을 모두 외우려고 하면 힘들다. 이럴 땐 어떻게 암기하는 게 좋을까?

바로 키워드를 중심으로 외우는 게 효율적이다. 이 방법은 특히 논술형 시험을 공부하는 사람들에게 팁이 될 수 있다. 논술형 시험 답안지의 채점은 문장을 얼마나 유려하게 잘 썼느냐보다 중요한 키워드가 들어가 있느냐 아니냐에 따라 고득점이 결정된다. 즉 같은 답안이라 하더라도 주요 키워드에 따라 점수가 달라진다.

나는 공부할 때 문장을 보면 주요 키워드를 색연필로 동그라미 표시했고, 이후에는 키워드 중심으로 보고 답안지에 쓰는 방식으로 암기했다. 문장 전체를 다 외우는 것보다 시간도 훨씬 덜 들기 때문에 효율적인 방법이다.

● 예시

명예훼손죄에 있어서의 공연성은 불특정 또는 다수인이 인식할 수 있는 상태를 의미하므로 비록 개별적으로 한 사람에 대하여 사실을 유포하더라도 이로부터 불특정 또는 다수인에게 전파될 가능성이 있으면 공연성이 있고, 반면에 그와 같은 가능성이 없으면 공연성이 없다.

예시를 보자. 네 줄이나 되고 심지어 어려운 단어가 들어가 있는데 어떻게 외울까? 암기하기도 힘들고 정확하게 외울지도 불분명하다. 이 판례에서 말하고자 하는 것은 명예훼손죄에서 정하고 있는 '공연성'의 뜻이다. 그래서 일단 '공연성'에 체크한다. 그리고 '불특정 또는 다수인이 인식할 수 있는 상태'가 답이므로 여기도 체크한다. 만약 이런 경우가 아니라 '개별적'으로 '유포'를 한 경우라 하더라도 '전파 가능성'이 있는지에 따라 공연성 유무를 판단한다. 관련 키워드를 표시하니 네 줄이나 되는 긴 판례가 어구 여섯 개로 정리되었다.

일반 기사도 당연히 줄일 수 있다.

• **예시** (<중앙일보> '상암 잔디는? 대원 밥값은? 300억 잼버리 청구서 날아온다', 2023.8.17.)

문화체육관광부가 낸 지난 15일 보도자료엔 이런 대목이 들어 있다. '2023 새만금 세계스카우트잼버리' 대회 마지막을 장식한 'K팝 슈퍼 라이브 콘서트'로 경기장의 잔디가 크게 손상됐다는 축구 팬들의 비난이 거세지자 복구 지원 의지를 밝힌 것이다. 당초 콘서트는 전북 전주월드컵경기장에서 열릴 예정이었지만, 태풍 피해 우려 탓에 상암월드컵경기장으로 장소가 바뀌었다. 급하게 무대와 객석이 설치되면서 조성에 약 10억 원이 들어간 경기장의 '하이브리드 잔디'가 일부 훼손됐다. 서울시설공단 측은 "돈을 쓰면 복구가 가능하지만 정확한 비용을 당장 추정하긴 어렵다"라고 했다. 경우에 따라선 액수가 커질 수도 있는 상황이어서 정치권 등에선 "잼버리 위기를 수습하기 위해 감당했던 비용 청구서가 날라오기 시작했다"라는 말이 나온다. 한 지자체 관계자는 "정치권에서는 잼버리 파행 관련 책임 공방이 중요하다지만, 지자체 입장에선 당장 지출한 돈을 받아내는 것이 더 중요하다"며 "잼버리는 끝났지만 비용 논란은 이제부터 시작"이라고 말했다.(후략)

이 기사에서 말하고자 하는 바는 무엇일까? 잼버리에서 개최한 슈퍼 라이브 콘서트 때문에 10억 원이 들어간 잔디가 훼손되어 논란이라는 것이다. 따라서 이 지문이 문제에 출제되는 중요한 쟁점이라고 한다면 '잼버리', 'K팝 콘서트', '10억 원 잔디 훼손', '비용 논란' 네 어구만 기억하면 된다.

끝까지
가져가야 할
목차 공부법

독서실 자리에 앉아 책을 펼치고 나서 당신은 가장 먼저 무엇을 보는가? 기본서든 문제집이든 반드시 가장 먼저 목차 페이지를 훑고 시작해야 한다. 책에는 내가 알아야 할 내용이 순서대로 정리되어 있다. 그것도 주제별로 잘 짜여 있다. 보통은 새 책을 산 처음만 첫 페이지의 목차를 쭉 보고 그다음부터는 보지 않는다. 하지만 목차를 보는 건 시험 100일이 남았을 때도 계속 해야 한다. 일종의 습관처럼 만들어야 하는 중요한 공부법이다.

사법시험을 예로 들어보자. 문제집의 목차를 보면 대주제와 그 아래에 소주제로 문제에 자주 나오는 쟁점, 학설, 판례 등이 있다. 여기서 어느 하나의 내용만 외우면 곤란하다. 답만 외우고 문제는 모르는 식의 공부법이 되기 때문이다. 즉 대주제가 문제이고, 그 아래에 있는 학설과 판례, 쟁점 등 자체가 답이라고 할 수 있다. 따라서 전체 목차의 흐름을 보고 세트로 외워야 한다.

사법시험은 논술형 시험도 포함되어 있었기 때문에 이와 같은 흐름을 아는 것이 매우 중요했다. 그래서 나는 목차부터 암기하는 방법으로 공부했다. 시험의 종류와 난이도에 따라 목차를 암기할지 여부는 다를 것이다. 그러나 적어도 목차는 반드시 짚고 넘어가야 하는 한 장짜리 요약본이라고 할 수 있다. 목차를 보며 공부하는 법을 소개하면 다음과 같다.

같은 색의 펜으로
정리한다

특히 논술형 시험을 앞두고 있다면 문제집을 펼 때마다 목차는 반드시 봐야 한다. 나도 공부할 때마다 책의 목차를 확인하려고 했는데 습관이 들지 않아서인지 계속 본문의 내용으로 바로 넘어갔다. 그래서 목차를 강제로라도 보려고 눈에 띄도록 펜 작업을 추가했다.

나는 대목차는 붉은색, 소목차는 파란색으로 칠했고 같은 체제는 당연히 같은 색의 펜으로 표시했다. 이처럼 색깔이 있는 펜으로 표시해도 되고 네모, 세모 등 모양을 다르게 해도 된다. 중요한 건 책을 펼쳤을 때 한눈에 내용의 흐름이 보이도록 표시하는 것이다. 자신이 보기 편하게, 쉽게 찾을 수 있게 표시한다.

소목차는
별도로 정리하라

목차가 엄청나게 길 때도 있다. 한 주제의 내용이 많아서 한눈에 보이지 않을 때가 종종 있는데 그럴 땐 일단 해당 본문 페이지를 편다. 그 뒤 대목차 주제가 언급되는 부분 근처 빈 공간에 하위에 해당하는 소목차를 별도로 필기하면 좋다.

예를 들어 오른쪽 사진과 같이 '제2관 가장납입' 파트에는 '납입의 효력 유무, 가장납입이 회사의 설립에 미치는 영향, 관련자의 책임'이라는 하위 내용을 함께 적어두었다. 이렇게 소목차를 옆에 적어두면 지금 내가 공부하고 있는 것이 정확하게 어떤 주제에 해당하는 내용인지 알 수 있다. 즉 실전 문제를 풀 때 가장납입 주제가 나온다면 자연스럽게 "납입의 효력이 문제이고, 회사 설립에 미치는 영향도 검토해야 하고, 게다가 관련자들의 책임까지 봐서 서술해야 하는 게 전체 내용이구나"라고 연상되는 것이다.

공부할 분량이 많을 때는 각 내용을 머릿속에 체계적으로 입력하는 게 힘들다. 이때 목차는 공부의 흐름과 논리를 이해하는 데 중요한 역할을 한다. 따라서 목차가 잘 정리된 책을 고르는 것 역시 중요하다. 책을 고를 때 대목차 하위에 들어간 소목차의 흐름이 보이는

제 2 관 **假裝納入**

납입의 효력유무
— 회사의 설립에 미치는 영향
— 관련자의 책임

【사례】
　A회사의 발기인 甲은 주식인수인들이 인수대금을 전혀 납입하지 않자 사채업자로부터 금전을 차입하여 금융기관에 납입하였고, 회사설립등기를 마친 다음 즉시 이를 인출하여 사채업자에게 변제하였다. 발기인 甲은 주식인수대금의 납입과 관련하여 어떠한 책임을 지는가?

제 1 序 說

1. 意義

1. 意義

　회사를 설립함에 있어
것처럼 가장하여 발기인
다. 가장납입의 유형으
이 없는 '위장납입'(효력이
어떠한 경우이든 가장

　(i) 주식의 인수가 완료되면 발기인은 은행 기타 금융기관 (신정)
등 일정한 장소에 그 인수대금이 지체 없이 납입되도록 하 납입이 있는
여야 한다(제295조, 제305조 참조). 그리고 납입금을 보관 납입이라고 한
한 은행이나 그 밖의 금융기관은 발기인 또는 이사의 청구 그러한 결탁
를 받으면 그 보관금액에 관하여 증명서를 발급해 주어야 형태'가 있다.
하고(제318조 제1항), 발기인이 관할등기소에 설립등기를 신청 상법은 그

게 좋은 책이다. 그러나 순전히 암기를 목적으로 만들어진 책은 대부분 목차에 큰 신경을 쓰지 않는다. 내용을 단순 암기하는 것이 목적이라면 목차에 큰 의미를 두지 않아도 되지만, 기본서를 고르는 것이라면 전체적으로 목차의 구조를 반드시 체크하길 바란다.

기출문제
패턴
파악하기

기출문제를
푸는 이유

시험 일자가 다가올수록 기출문제집도 많이 풀게 된다. 연도별 기출문제집은 물론 중요도에 따라 나뉜 문제집도 풀어볼 것이다. 그런데 단순히 문제를 많이 푸는 게 전부가 아니다. 기출문제를 보는 것도 방법이 있다. 우선 기출문제를 풀 때 틀렸다면 왜 틀렸는지를 먼저 확인한다. 그러나 거기서 끝나면 안 된다. 기출문제를 풀고 틀린 이유를 확인한 다음, 알았는데 실수한 부분과 몰랐던 부분을 구분한다. 그런 뒤 기출문제집이 아닌 원래 기본서로 돌아가서 해당 내용을 찾아 다른 색으로 체크한다.

나는 빨간색 색연필로 기출문제가 나온 부분을 표시했고 자주 틀리면 별 모양으로 표시했다. 기출문제가 나왔다는 건 중요할 뿐 아니라 여기서 변형된 문제가 또다시 나올 수도 있다는 뜻이다. 그러므로 더 열심히 보자는 의미로 표시했고, 기출문제로 나왔는데 틀렸다면 더더욱 열심히 봐야 하는 문제이므로 빨간색에 별 모양까지 넣었다.

여기서 끝이 아니다. 함정 포인트가 무엇이었는지까지 표시해야 한다. 헷갈리는 두 가지 개념을 섞었다면 기본서 중 헷갈리는 부분을 찾아 '어디 어디를 섞어서 함정 포인트로 만듦'이라고 써두어야 한다. 예를 들면 '100쪽의 근저당권 중 ○○ 부분과 헷갈리는 포인트를 만들어서 기출됨. 비교하여 공부할 것!'이라고 포스트잇에 써서 붙이면 된다.

그러고 나서 표시한 내용을 형광펜으로 다시 한 번 더 칠해둔다. 이렇게 하면 학설과 판례 외에 내가 틀린 기출문제까지 한눈에 보이는 기본서가 만들어진다. 포스트잇으로 붙여둔 내용은 다 이해되면 떼면 된다. 이때 틀린 문제에 수동적으로 답을 표시하는 게 아니라 왜 틀렸는지, 얼마나 문제가 꼬여서 나오는지까지 정리하는 것이 핵심이다.

이렇게 정리하면 똑같은 함정에 빠지지 않을 수 있다. 그리고 기출문제 분석을 반복할수록 문제가 나오는 일정한 패턴을 알게 된다. 이 부분이 가장 중요하다. 대학교 때 후배가 중간고사를 앞둔 상황이었는데, 민법의 예상 지문 10개 중에 시험에 나올 만한 것 5개만

기출문제 포스트잇 메모의 예시

---

3. 업무방해의 위험조차 없는 경우

① 시험의 출제위원이 문제를 선정하여 시험실시자에게 제출하기 전에
이를 유출하였다고 하더라도 이러한 행위 자체는 위계를 사용하여 시험
실시자의 업무를 방해하는 행위가 아니라 그 준비단계에 불과한 것이고,
(…후략)

> 기출됨. 위험성이 없어서 무
> 죄라는 내용임!
> 436쪽 기대불가능성을 이유
> 로 업무방해죄 무죄된 것과
> 구별할 것!

찍어달라고 내게 부탁했던 적이 있었다. 그때 나는 망설임 없이 5개
를 찍어주었는데, 실제로 그 문제 5개가 전부 다 나왔다는 말을 들
은 적이 있다. 이처럼 중요한 문제와 그렇지 않은 문제를 구분할 수
있는 건 기출문제를 기본서에 다시금 정리하면서 문제가 나오는 일
정한 패턴을 알게 되었기 때문이다.

기출문제 패턴을
파악하라

기출문제를 풀다 보면 시험에 자주 나오는 주제를 알게 된다. 이는 유의해서 봐야 하는데, 이는 문제의 형태만 바뀔 뿐 해당 주제에서 반드시 다음 문제가 나올 수 있기 때문이다.

특히 쟁점이 많이 나오는 부분은 함정을 파기가 쉬워 출제자가 던져놓기 좋은 먹잇감이기에 계속해서 문제로 만들어진다. 따라서 헷갈릴 수 있는 포인트를 공부하면 문제에서 파놓은 함정에 걸리지 않는다. 판례가 많은 부분일수록 기출문제에 자주 나온다. 조문은 있지만 실제로 판례가 축적되지 않았다면 이는 죽어버린 조문이기에 문제화되기에는 한계가 있다. 판례가 없기 때문에 문제를 내기에는 위험 부담이 크다.

법학은 판례가 있고 없고가 가장 큰 기준이 된다. 판례가 많다는 것은 실제 생활에서 쟁점이 많이 되고 재판이 발생한다는 것으로 살아 있는 조문이라는 뜻이다. 반면 판례가 없으면 학설의 대립이 심하다 하더라도 그 조문은 죽은 조문이 될 수밖에 없다. 고로 판례가 많으면 출제자가 낼 문제도 많다.

예를 들어 수능의 문학 지문을 생각해보자. 문학 작품을 공부할 때도 이 작품이 살아 있는가, 죽었는가를 나누는 기준은 '기출'이다. 내용이 변하는 시의성 관련 문제가 아니라 불변의 작품이고 해석의 여지(의견 대립이나 쟁점 등)이 많기 때문에 기출문제에 나왔던 문학 작품은 또다시 다른 문제로 나올 확률이 높다. 그 작품의 전체적인 흐름을 알고 있으면 해석하는 시간이 줄어들기 때문에 기출문제는 꼭 봐야 한다.

비문학 같은 경우 기출문제와 똑같은 지문이 나오지는 않지만 어떤 분야의 지문이 나오는지는 알 수 있다. 기출문제를 보면 뉴스에서 이슈가 되는 내용이 많이 나온다. 그래서 비문학은 현재 시사적인 내용이 살아 있는 지문이 된다. 과거에는 시사적으로 쟁점이 되었지만 현재까지 이어지는 게 아니라면 비문학 수능시험에 나오지 않을 것이다. 이처럼 수능도 패턴이 있고, 이를 읽을 수 있어야 실전에서 점수가 잘 나온다.

사실 시험에서 문제가 나오는 부분은 어느 정도 정해져 있다. 수년 동안 해당 시험에서 나온 문제들이 있고 어떤 주제에서 어느 정도의 문제가 나온다는 '출제 비율'이 있다. 한번 생각해보자. 내가 출제자가 되었는데 수십 회, 어쩌면 수백 회 시험이 치러지는 동안 전통적으로 내려온 출제 비율을 어느 날 갑작스럽게 바꿀 수 있을까?

만일 출제 비율을 바꾼다면 많은 수험생에게 혼란을 줄 것이다. 그리고 전혀 문제가 나오지 않았던 파트에서 문제를 만들려고 하면 어떤 문제를 어떻게 만들어야 할지 감이 잡히지 않을 것이다. 출제자로서는 갑작스럽게 출제 비율을 바꾸는 것이 부담스러울 수밖에 없다. 즉 쉽게 바꾸지 않는다는 이야기다.

따라서 지금까지 출제 비중이 높았던 부분을 집중적으로 공부해야 한다. 이때 많이 출제된 부분에는 시간을 많이 투자하고, 덜 출제된 부분에서는 상대적으로 시간을 덜 투자하는 식으로 배분한다. 다시 한번 말하지만 우리는 효율적인 공부, 빨리 합격하는 공부를 하는 것임을 잊지 말자. 그리고 시험이 얼마 남지 않은 시점에서는 선택과 집중이 그 무엇보다도 중요하다.

함정에도
규칙이 있다

출제자가 함정을 파는 것에도 규칙이 있다. 흔한 방법이 모의고사 문제나 기출문제 중에서 비슷한 문제를 배치하고는 어휘를 바꾸는 것이다. 예를 들면 '옳은 것'을 고르라고 하는 문제인 줄 알았는데 풀다 보니 '옳지 않은 것'을 고르라고 한 경우, '두 개'를 고르라고 한 줄 알았는데 '세 개'인 경우 등이 그렇다. 문제집에 있는 지문에서 마지막 서술어를 바꾸는 경우도 있다. '제외한다'를 '제외하지 않는다'로 바꾸는 것이다. 이런 패턴은 꼼꼼하게 읽지 않으면 문제 자체가 익숙해서 함정에 걸리기 쉽다.

틀렸거나 맞혔지만 애매한 것은 반드시 기본서에 표시해둔다. 그리고 해설지를 보면서 왜 틀렸는지 생각한다. 만약 이처럼 교묘하게 표현이 바뀌어 잘못 읽은 경우라면 기본서로 돌아가서 '기출됨. 지문에서 글자를 잘못 읽음. 틀린 것인지 확인할 것'이라고 메모를 붙여놓는다.

문제에서 '제외한다'를 '제외하지 않는다'와 같이 슬쩍 서술어를 바꿔둔 경우는 기본서에서 그 지문을 찾는다. 그리고 해당 지문 옆에 '기출됨. 제외하지 않는다 라고 함정을 파놓으니 주의'라고 쓴 포스트잇을 붙인다. 포스트잇으로 붙이는 이유는 함정에 익숙해져서 더 이상 볼 필요가 없을 땐 떼버리면 되기 때문이다.

이런 식으로 틀린 이유를 분석해서 기본서에 메모해두는 작업을 계속하다 보면 출제자의 의도가 보이기 시작한다. 해당 지문에서 어떤 식으로 문제를 꼬아서 내는지를 알면 내용을 평면적으로 읽는 게 아니라 나중에는 '여기서는 이런 함정이 나올 수 있겠는데?'라고 예측하면서 입체적으로 공부할 수 있다.

불의타를 따로
대비하지 마라

기출문제에서 불의타는 크게 신경 쓰지 말자. '불의타'라는 말 자체가 예상하지 못한 곳에서 문제가 나온다는 뜻이다. 이런 문제를 맞히겠다며 대비하려고 하면 공부량이 너무 많아질 뿐만 아니라 비효율적인 공부를 하게 될 수 있다. 출제자가 불의타 문제를 만드는 것은 '틀리라는 의도'로 만드는 것이다. 즉 이걸 맞혀야만 시험에 합격할 수 있다는 뜻이 아니라 점수 배분을 위해 틀리라고 내는 문제다.

시험에 합격하기 위해 만점을 받아야 하는 것이 아니라 합격 커트라인 안에만 들면 합격할 수 있다는 것을 기억하자. 불의타 문제가 나오면 최선을 다해 정답을 찾기 위해 노력하라. 그래도 모르겠다면 과감하게 포기하고 다른 문제에 더 집중하면 된다. 그런 일로 멘탈이 무너질 필요는 전혀 없다.

기출문제는 많이 푸는 것보다 분석하는 것이 더 중요하다. 출제자의 입장이 되어 왜 이 문제를 냈는지 곰곰이 생각해보는 것이다. 반복해서 풀어 답이 보이는, 비슷비슷한 문제를 계속 푸는 건 시간낭비이고 의미가 없다. 하지만 왜 이 문제가 나왔는지 이해하고 분석하면 그 사안의 중요성을 알게 되고 다음에 나올 문제도 예상할수 있다.

독한 멘탈이
한계를 넘어서게 한다

마지막 허들,
번아웃을
이겨내는 법

시험이 100일 정도 남으면 슬럼프도 아닌 더 강한 번아웃이 찾아온다. 앞서 언급했듯 번아웃 증후군은 일에 몰두하던 사람이 정신적·육체적으로 기력이 소진되어 무기력증이나 우울증에 빠지는 현상이다.

내 경험에 따르면 공부를 할 때 조금씩 지치면서 집중이 되지 않지만 곧 회복할 수 있는 수준으로 돌아가는 것은 슬럼프였던 것 같다. 슬럼프는 공부를 하루 이틀 정도 덜 하고 쉬면 언제든 회복할 수 있었다. 그러나 번아웃은 다르다. 아무것도 할 수 없는 무기력증이 오는 것으로, 일주일 이상씩 공부를 못 하는 증상을 의미한다.

시간이 돈이자 금인 수험 생활을 하는데 여기에 번아웃이 온다는 건 너무나도 치명적이다. 일주일뿐 아니라 한 달, 두 달 이상 아무것도 하지 못하고 시간을 날리는 사람들, 번아웃이 온 자신을 감당하지 못해 수험 생활을 아예 포기해버리는 사람들을 숱하게 봤다.

번아웃은 한번 오면 이겨내기가 쉽지 않다. 그래서 일단은 번아웃이 오지 않도록 하는 게 가장 중요하며, 그럼에도 번아웃이 찾아왔다면 원인을 파악해 이를 극복하고 이겨내는 것이 두 번째다. 그러면 번아웃은 왜 오는지, 어떻게 극복해야 하는지 좀 더 자세히 살펴보도록 하자.

번아웃을
예방하는 방법

앞서 계획적으로 공부하며 잘 쉴 것을 강조했다. 왜 그렇게 초과 공부를 하지 말라고 하고, 계획적으로 공부하라고 하고, 잘 쉴 것을 강조하는 것일까? 바로 번아웃을 예방하기 위해서다.

나는 주기적으로 슬럼프가 오는 사람이었다. 3개월에 한 번씩 아무것도 할 수 없는 상태가 되고 하염없이 눈물만 흘리는 컨디션이 찾아왔다. 남들 다 공부하고 있는 독서실을 뒤로 하고 홀로 집으로 가는 것이 자존심 상하고 불안했고, 주변에서도 다들 '왜 저렇게 빨리 가지?' 하는 눈빛으로 나를 이상하게 보긴 했지만 어쩔 수 없었다. 도저히 공부할 수가 없는 상태였다. 그럴 때는 공부하여 틈틈이 쉬던 루틴에서 이틀까지도 그냥 쉬곤 했는데, 그 이유는 슬럼프와 싸워 이기는 것이 불가능하다는 걸 알기 때문이었다. 이렇게 슬럼프를 인정하고 하루 정도 푹 쉬다 오면 다시 공부가 잘되었다.

그래서 그런지 나는 아주 심각한 번아웃은 오지 않았다. 매우 힘들어했던 시기에도 일주일 이상의 방황은 하지 않았다. 반면 주변에서 심각한 번아웃으로 고생했던 지인들의 이야기를 들어보면 '지치지 않으면 버틸 수 없었겠구나' 싶을 정도로 굉장히 빡빡하게 공부했던 경우가 많았다. 하루 14시간, 15시간씩 주말도 없이 공부했던 한 지인은 번아웃이 두 달 넘게 지속되었다고 한다.

지금 우리가 하는 싸움은 단기전이 아니라 장기전이다. 단기전이라면 당연히 벼락치기가 효과가 있지만, 장기전에서는 늘 벼락치기를 했다간 어마어마한 후유증이 찾아올 수 있다. 내가 할 수 있는 범위 안에서 최대치를 찾는 것이 앞서 말한 효율적인 공부 계획을 세우는 것이다. 그 계획대로 사는 것만 잘하면 장기전을 훌륭히 치를 수 있다.

소설가 무라카미 하루키는 정해둔 새벽 시간에 일어나 하루에 쓰기로 정해둔 원고량을 무조건 채운다고 한다. 그런 꾸준함 덕분에 74세의 나이에도 장편 소설을 집필할 수 있는지 모른다. 장기전으로 가기 위해서는 정해진 계획을 묵묵하게 수행하는 것이 중요하다. 몰아치는 공부보다 더 힘든 것이 계획한 공부를 꾸준히 하는 것이다.

무라카미 하루키의 하루 루틴

· 업무: 글쓰기(5~6시간)

· 운동: 10킬로미터 달리기 혹은 1,500미터 수영(1~2시간)

· 휴식: 독서, 음악 감상 등(7~8시간)

· 수면(7시간)

잘 세운 계획을 꾸준히 지키는 것만으로도 번아웃을 막을 수 있다. 하지만 그럼에도 불구하고 번아웃이 찾아왔다면 어떻게 이겨낼 수 있을까?

번아웃이 왔을 때 대처 방법

번아웃의 원인을 파악하기

대부분 수험생이 번아웃을 겪는 이유는 자신이 감당할 수 있는 수준 이상으로 공부를 밀어붙였기 때문이다. 따라서 지금까지 세웠던 공부 계획이 장기간 지속하기에는 너무 과한 일정이었던 것은 아닌지 다시금 돌아볼 필요가 있다. 규칙적으로 쉬는 시간이 있었는지, 자는 시간은 적절했는지, 몸이 힘들다는 신호를 보냈음에도 그 신호를 무시하고 있었던 것은 아닌지 등 루틴도 확인하면서 자신의 계획을 돌아보고 원인을 파악한다.

만약 공부를 너무 열심히 해서 번아웃이 온 게 아니라 다른 원인이 있다면(취미에 몰두한다든지, 연애에 집중해서 공부를 소홀히 하는 등) 지금의 환경을 바꿔야 하므로 원인 파악이 가장 중요하다.

휴식 취하기

번아웃을 한 번이라도 경험해본 사람은 공부를 계속하려고 노력해도 무기력증 때문에 할 수 없는 상태라는 걸 공감할 것이다. 이때는 몸이 위험 신호를 보내고 있으므로 마음 편하게 먹고 휴식을 취해야 한다. 말 그대로 몸의 긴장을 풀고 쉬어야 하며, 유흥으로 빠져선 안 된다. 산책, 운동, 집에서 TV나 책을 보는 정도의 휴식을 취하며 몸이 다시 정상으로 돌아올 때까지 기다린다. 재충전의 시간을 가지는 정도의 휴식을 취하는 것이 좋다.

공부하기

오히려 책상 앞에 앉아 있는 것이 도움이 될 때도 있다. 다만 공부는 평소에 하던 양의 반 정도만 해도 좋다. 절반만 공부하고 나머지는 휴식을 취한다. 그렇지만 번아웃이 너무 심하게 와서 도저히 공부를 못 하는 상태라면 당분간 책과 멀어져 지냈다가 빠르게 복귀하는 것이 더 좋을 수도 있다.

하지 말아야 할 것을 정하기

혹은 그동안 나쁜 습관에 빠졌던 것은 아닌지 생각해보자. 우리 몸은 로봇이 아니기 때문에 몸에 안 좋은 것이 계속 들어오면 반드시 탈이 나게 되어 있다. 공부를 하면서 건강 생각을 하지 않고 술, 자극적인 음식만 먹지는 않았는지, 제대로 된 수면과 휴식을 취했는지, 쉬어야 할 시간에 쉬지 않고 친구들과 수다를 떨지는 않았는지, 배부르면 잠이 온다고 일부러 끼니를 굶으면서 공부하진 않았는지 돌아보자. 그동안 공부한다고 나도 모르게 하고 있었던 나쁜 습관들을 찾아보고 앞으로 어떻게 고치고 개선할지 생각해보자.

일상을 지키기

번아웃에서 다시 수험 생활로 복귀하려면 절대로 일상이 무너져서는 안 된다. 적어도 루틴은 꾸준히 유지하려고 노력해야 다시 일상으로 돌아갈 수 있다. 나는 멘탈을 지키기 위해 꼭 하는 루틴 중 하나가 자고 일어난 후 이불을 정리하는 것이다. 이것만 해도 자고 일어날 때 약간의 정신 수양이 된다. 그리고 수건도 1년 이상 된 것은 쓰지 않고 새 수건을 쓴다. 이는 나 자신이 소중한 사람이라는 것을 자각하게 해주는 소확행(소소하지만 확실한 행복) 중 하나로, 꽤 효과가 있었다. 이처럼 일상에서 무너지지 않고 나를 지킬 수 있는 작은 루틴들은 꼭 만들어두고 실행하기를 추천한다.

번아웃이 왔을 때 혹시 공부하기 싫은 마음을 번아웃으로 포장하고 있는 것은 아닌지 되돌아보자. 나는 번아웃이 왔을 때 독서실에 앉아 책을 펼치면 한 글자도 읽히지 않고 속이 울렁거리는 증상이 가끔 있었다. 도저히 안 될 것 같아 뛰쳐나와 숨을 골랐다. 이처럼 몸이 거부해서 공부할 수 없는 상황인지, 그냥 공부가 하기 싫고 짜증 나는 감정인지는 본인만이 알 것이다.

또한 번아웃이 왔을 때 계획 없이 무한정 쉬어서도 안 된다. 쉬는 만큼 남들은 더 앞서갈 것이기 때문에 결국 메워야 할 간격이 넓어진다. 번아웃이 왔을 때 어떻게 할지 대처 방법을 미리 마련해두고, 빠르게 일상으로 복귀하기 위한 계획을 세워두도록 하자. 번아웃을 겪고 극복하는 시간도 수험 생활의 일부라는 점을 기억하자.

고통을
계량화하라

수험생 시절에는 주변에서도 나를 흔들지만 내가 나를 잡고 무자비하게 흔들 때가 있다. 나만 무너지지 않으면 시험은 결국 합격하게 되어 있다. 따라서 나 스스로에 대한 확신이 무너질 때 어떻게 대처할지 미리 매뉴얼이 마련되어 있어야 한다.

수험 생활에서 중반이 넘어가면 '지금 내가 뭘 하는 거지?' 같은 회의감이 들 때가 굉장히 많다. 이렇게 공부한다고 해서 합격한다는 보장도 없고, 합격한다고 해서 인생이 얼마나 달라지겠나 싶다. 그런데 사실 이런 생각을 하는 이유는 단 하나다. '공부가 하기 싫어서'다. 지금 괴로움에서 벗어나고 싶어 지금의 노력을 평가절하하며, 왜 미래의 나를 위해 현재의 나를 포기해야 하느냐고 괴로워하는 것이다.

지금 이 괴로운 공부를 계속해야 할 정당한 이유를 찾기 전까지 마음은 계속해서 요동친다. 다른 길을 선택하면 덜 힘들고 더 행복할 것 같다는 생각이 머릿속을 지배한다. 마음뿐만 아니라 뇌도 그만두고 싶어서 여러 핑곗거리를 찾는다. 이때 이 핑계의 홍수를 틀어막을 수 있는 강력한 댐이 필요한데, 내 경우는 측정과 계산이었다. 즉 현재와 미래의 고통 정도를 계량화하는 방법이다.

고통의 정도를
1~10까지 측정하기

나는 힘들 때마다 공부하지 않고 방황하거나 머릿속에 잡생각이 가득한 시간을 계산했다. 그런 시간 30분이 3시간이 되고, 사흘이 되고 한 달이 되면 내게 어떤 영향을 미칠지까지 계산하려고 했다.

그렇게 방황하는 시간들은 결국 내게 '불합격'이라는 결과를 가져다줄 것이다. 그렇다면 지금 이 순간 공부할 때 느껴지는 고통과 불합격이라는 결과가 가져다주는 고통 중 어떤 것을 선택하겠느냐고 스스로 물었다. 그러자 지금의 고통이 별것 아니라는 판단이 들었다. 고통의 정도를 1~10까지라고 보면 불합격했을 때의 고통은 10 이상일 것이다. 평생 두고두고 후회할 것이며 오래도록 아픈 상처로 남을 것 같았다.

지금의 고통과 불합격의 고통을 비교했을 때 지금의 고통이 어느 정도일까 생각해보니, 불합격했을 때 고통에 비하면 지금의 힘든 상황은 충분히 이겨낼 만하다고 여겨졌다. 불합격은 내가 바꿀 수 없는 결과이지만, 합격을 위해 달려가는 지금은 내가 마음먹기에 따라 충분히 바꿀 수 있는 상황이니 말이다. 그래서 불합격했을 때의 고통이 10점이라면 지금 달려가는 과정에서의 고통은 8점이라고 매겼다. 고작 이 정도의 고통을 이겨내지 못해 불합격이라는 결과에 다가간다고 생각하니 아찔했다.

'지금 행복하고 싶어서 도전을 멈추고 시험을 포기하면 미래의 나는 평생 불행할 것이다. 지금은 잠시 고통스럽지만 이 악물고 도전하면 미래의 나는 행복한 삶을 살 수 있다. 어떤 것이 더 올바른

고통의 계량화 예시

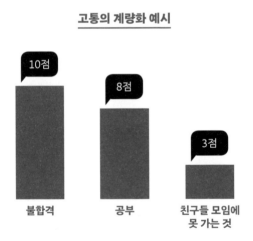

불합격 (10점) / 공부 (8점) / 친구들 모임에 못 가는 것 (3점)

선택일까? 한 살, 한 살 나이를 먹어 결국 80세까지 해마다 불행을 느끼는 것보다 1~2년 고생하는 게 더 낫지 않을까?' 이게 나의 결론이었다. 이렇게 생각하면 당장 공부하지 않을 수가 없었다. 바로 책상으로 달려가 책을 폈다.

이루지 못한 꿈은
고통이 배로 돌아온다

과거에 이루지 못한 꿈은 훗날 고통이 배로 돌아온다. 실제 내 유튜브 구독자 중 한 분의 이야기다. 좋은 성적으로 대학에 입학했지만 늘 만족하지 못해 수능을 다시 봐서 다른 학교에 가고 싶었다고 했다. 그런데 주변에서는 이미 좋은 학교에 다니고 있는데 왜 수능을 다시 보냐면서, 욕심을 버리고 현재에 만족하며 살라는 말을 했다고 한다. 그는 '꿈이 있고 원하는 삶이 있는데, 더 나은 걸 바라는 건 현실을 모르는 욕심인 걸까?' 하며 도전을 포기한 채 10년의 세월을 보냈다.

그러나 10년 동안 꿈에 대한 갈망은 눈덩이처럼 커졌고, 결국 공부를 다시 시작하게 되었다. 그리고 수능을 다시 보고 나오는 길에 눈물이 펑펑 쏟아졌다고 했다. 언제든 마음만 먹었으면 다시 칠 수 있는 시험일 뿐이었는데 지금까지 도전할지 말지 고민만 하며 긴 세월을 허투루 보낸 것에 대한 후회의 눈물이 쏟아진 것이다. 10년 내내 그는 자신의 꿈이 욕심인 건지, 꿈도 꾸면 안 되는 건지 고민만 했던 게 아깝고 억울했다고 한다.

도전을 포기하게 만드는 핑계와 이유는 너무나도 많다. '지금의 삶도 안정적이니까', '이미 나이가 너무 많이 들었으니까', '하고 싶긴 한데 그 정도로는 간절하지 않으니까' 등 내가 나를 속이며 꿈을 향해 나아가는 것을 방해하고 막아선다.

그런데 그게 정말 내가 원하는 것이 맞을까? 꿈을 향해 나아가는 것이 불안하고 두려워 나 스스로 핑계를 만들며 세월만 보내고 있는 건 아닐까? 미래의 고통과 현재의 고통 중 어떤 걸 선택할지 고민한다는 것 자체가 이미 꿈을 꾸고 있다는 반증이다. 할지 말지, 얼마나 힘들지 생각하기 전에 일단 시작해보는 건 어떨까?

나만의
불안 해소제를
찾아라

공부하면서 과연 불안감이 없는 사람이 있을까? 수험 생활을 한다는 것은 인생에서 가장 큰 도전이다. 성공하면 인생이 한 단계 더 올라갈 수 있지만, 떨어지면 아무것도 남지 않은 채 시간과 돈만 허비할 것 같은 불안감이 수시로 든다. 합격한 사람과 불합격한 사람의 인생이 얼마나 큰 차이가 나는지를 계속 눈으로 보기 때문에 불안감이 더 큰지도 모르겠다.

나 역시 그랬다. 사법시험 2차에서 떨어졌을 때 옆에서 함께 공부하던 선배와 친구는 합격해서 축하 인사를 받고 곧장 외모부터 달라졌다. 하지만 그날 내게는 그 누구도 연락하지 않았다. 이후 이런 일이 반복되지는 않을까, 계속 제자리를 맴도는 건 아닐까 불쑥불쑥 불안해지곤 했다.

때론 불안한 미래가
강력한 동기가 된다

　　　　　　　　공부할 때 힘든 시간을 버틸 수 있게 만들
어주는 것의 8할은 동기부여다. 누군가는 동기부여가 그때뿐이라
고 말하지만, 수험 생활은 그 한순간 한순간이 모여 만들어지는 것
이기에 나는 강한 동기부여가 무엇보다 중요하다고 믿는다.

　동기부여의 방법으로, 합격한 이후의 내 삶이 어떤지 그려보는
것도 좋지만 나 같은 경우는 합격 후 내 삶이 어떻게 변할지에 대해
뚜렷하게 떠오르는 그림이 없었기에 강한 동기부여가 되지 않았다.
당시 내게 강력한 동기부여는 '불합격에 대한 두려움'이었다. 누군
가는 독서실에 '사법시험 합격!', '미래의 판검사!' 등 원대한 목표를
붙여두고 공부했지만 나는 그런 달콤한 미래가 잘 그려지지 않았고
손에 만져지지 않아 강력한 동기부여가 되지 않았다. 그래서 중반
이후부터는 바라는 미래를 상상하기보다는 피하고 싶은 미래의 나
를 상상하며 버텼다.

　함께 공부하던 친구들이 하나둘 합격해 신림동을 떠나가는 모습,
나이가 들고 화장하지 않은 얼굴과 추레한 트레이닝복 차림으로 독
서실에 가는 모습, 원하지 않은 직장에 다니며 평생을 후회하는 모
습은 그 무엇보다도 강한 자극이 되었고 생생하게 다가왔다. 지금
너무 힘들고 괴롭고 졸리고 공부하기 싫지만 그보다 실패한 내 미
래가 더 싫었다. 그래서 불합격을 상상하면 약해진 의지가 다시 강

해졌고, 지금 딱 1년만 참으면 된다는 생각으로 힘을 내 공부에 매진할 수 있었다.

또한 불합격하고 난 후에는 어떤 삶을 살게 될까도 상상했다. 만일 지금처럼 사법시험에 합격해서 변호사가 되지 않았다면 더 평범한 사무직원으로 편안하게 살았을지 모른다. 그렇지만 마음 한구석에는 늘 후회가 남는 인생을 살았을 것이다. '그때 조금 더 열심히 했더라면, 포기하지 않고 한 번 더 노력했더라면 인생이 어떻게 바뀌었을까?' 후회하며 아마 나보다 더 노력하고 더 많은 시간을 투자해서 시험에 합격한 친구들을 볼 때마다 부러움과 자격지심을 느끼며 살았을 것이란 생각이 든다.

공부하다가 찾아오는 불안감의 원인은 결국 '시험에 떨어지면 어떻게 하지?'라는 질문에서 시작된다. 이를 해결하는 열쇠는 지금 열심히 공부하는 것이다. 이렇듯 불안감도 동기부여의 강력한 원천이 될 수 있다. 합격할지 몰라 불안하고 두렵다면 이를 동력 삼아 더 나아가길 바란다.

바꿀 수 없는 것에 집착하면 고통스럽다

수험 생활의 중반이 넘어가면 공부하면서 점점 더 불안해지고 초조해진다. 이럴 땐 마인드 컨트롤이 중요한

데 좋아하는 문구를 몇 가지 적어 불안할 때마다 되뇌는 것도 좋다. 해당 문구를 '불안 해소제'로 사용하는 것이다. 실제로 나도 불안감이 불쑥불쑥 올라올 때, 책상 앞에 앉아 책장을 펼칠 때, 기출문제를 풀기 전에 항상 떠올렸던 말이 있다. 바로 '진인사대천명(盡人事待天命)'이다.

의미는 간단하다. 인간으로서 해야 할 일을 다 하고 나서 하늘의 명을 기다린다는 한자 성어로, 달리 말하면 '신은 내가 견딜 수 있는 만큼의 고통만 준다'라는 뜻이다. 지금 당장은 최선을 다하는 게 중요하다. 그러고 나서 그 후에 어떤 일이 생길지는 내가 결정하는 것이 아니라 하늘이 결정하는 것이기에 지금 아무리 심각하게 고민해도 큰 의미가 없다고 생각하는 것이다. 나는 이렇게 노력했음에도 안 된다면 이 경험을 바탕으로 다른 일을 해야 할 운명이라 생각하며 마인드 컨트롤을 했다.

지금까지도 이 문구는 불안감을 해소하는 동시에 다른 어떤 일을 할 때도 이정표 역할을 톡톡히 하고 있다. 내가 바꾸고 변화시킬 수 있는 것에 집중하면서 내가 바꿀 수 없는 일에는 너무 집착하지 않고 과감하게 살짝 내려놓는다. 계속 고민만 하고 괴로워한다고 해서 내게 유리한 결과가 생길 수 없는 영역이기 때문이다.

문구 이외에도 사물이나 어떤 행위가 불안감을 녹일 수 있다. 함께 수험 생활을 했던 친구는 좋아하던 작은 인형을 책상에 위에 두고 두려울 때마다 보며 미소를 짓는 연습을 했다. 천주교를 믿는 다

른 지인은 독서실에 들어갈 때, 기출문제를 풀 때 등 긴장되는 순간
이 오면 십자성호를 그으면서 마음을 다잡았다고 한다.

고통은 이해하는 게 아니라
받아들이는 것

공부하다 보면 삶은 왜 이렇게 나에게만 가
혹할까 싶은 생각이 든다. 나보다 더 편안하고 좋은 환경에서 공부
하는 친구, 나보다 공부를 더 안 하는데 성적이 잘 나오는 친구가 눈
앞에 보인다. 나는 부모님의 지원도 받지 못하고 가족의 응원도 없
이 공부하는데 성적은 오를 생각을 하지 않는다. 심지어 나보다 어
린 친구들이 하나씩 합격하는 것을 보며 내가 합격할 날이 오기는
하는 건지 좌절감에 빠진다.

어떻게든 버텨야 하는데 버티는 것은 어렵다. 고독하고 고통스럽
다. 그렇지만 다른 사람들도 하는데 나만 못 한다고 생각하면 억울
하다. 생각해보면 다들 각자만의 부침이 있고 힘든 상황이 있다. 힘
들고 괴로울 때 내게 힘을 주는 말, 나만의 문구를 되새기며 의지를
다지자. '난 그렇게 나약한 사람이 아니다'라고 되뇌이며 버티고 버
티자. 버티고 난 이후의 삶은 하늘이 결정하며, 지금 자신은 그저 최
선을 다하겠다고 생각해보자. 그러면 지금의 가혹한 삶이 머리로는
이해되지 않아도 가슴으로는 받아들여질 것이다.

더 이기적으로
공부해도
괜찮다

공부하던 중 잠깐 선배들과 커피를 마시다가 이런 일화를 들었다. 시험에 합격한 A라는 선배의 이야기였는데, 평소 모임에도 잘 안 나오고 본인 공부만 하면서 유리한 정보가 있을 것 같은 모임에만 얼굴만 비추는 등 얄밉게 행동하더니 결국 합격했다는 이야기였다. 그 선배처럼 이기적으로 살아가는 것이 정답이라고 말할 순 없지만, 나는 그 대화에서 합격하는 사람들이 어떻게 시간을 확보하는지 '룰'을 알게 되었다.

수험 공부를 할 땐 A 선배처럼 이기적으로 공부해야 한다. 공부를 평생 할 것도 아니고 길어봤자 몇 년이다. 그 기간에는 이기적으로 공부해도 괜찮다고 말해주고 싶다. 아니, 괜찮은 것이 아니라 그래야 한다. 그래야 내 시간을 확보할 수 있다. 남들에게 미움받을까 두려워 남을 위해 내 시간을 내주면 안 된다. 수험 기간은 오로지 나만을 위한 시간이다.

"저는 이만
가볼게요"

나는 이 사실을 깨닫고부터 굉장히 이기적으로 공부했다. 공부 진도나 생활 습관을 체크하기 위해 스터디 그룹 하나에 가입하긴 했지만, 일정이 끝나고 식사하러 가자고 했을 때는 냉정하게 거절했다(거절하는 사람은 오직 나뿐이었다).

다들 좋은 마음으로 제안하는 것이기 때문에 친절을 거절하면 이상해 보이고 괜히 독해 보일 수 있다. 혹은 다들 공부하고 싶지 않은 마음이 있고 외롭기도 해서 친목을 이어가고 싶을 수 있다. 그렇지만 단 한 번도 그런 제안에 응하지 않았다. 가끔은 분위기가 싸늘해지는 걸 느끼기도 했지만 어쨌든 지금 당장은 내 시간과 루틴이 중요했다.

여기서 말하는 이기적인 행동이라는 것은 시간을 분배하거나 어떤 결정을 내릴 때 다른 사람을 우선하지 말고 내 스케줄을 우선하라는 것이다. 예를 들어 스터디 공부가 끝나고 너무 피곤해서 낮잠을 자고 싶은데, 다 같이 커피를 마시자고 하면 "아, 저는 피곤해서 좀 잘게요"라고 말할 수 있는 사람이 되어야 한다는 뜻이다.

다른 사람들이 나를 이상하게 볼까 봐 걱정하며 자신의 시간을 낭비하는 자리에 갈 필요가 없다. 분명 섭섭함을 느끼거나 유난을 떤다고 생각하는 사람도 있겠지만 모두가 다 나를 좋아할 수는 없다. 한 영상에서 법륜스님이 이렇게 이야기했다. 자신이 하는 강연에 많은 대중이 박수를 쳐주고 좋아하지만 다른 한 켠에서는 본인을 비판하는 무리도 있다고 말이다. 그러면서 사람들은 다 자기만의 관점이 있고 그에 따라 판단하기 때문에 모든 사람이 다 나를 좋아할 수는 없다고 한다. 따라서 타인의 부정적인 시선이나 감정을 신경 쓰지 않으려는 노력이 필요하다. 그리고 이런 태도를 고수하면 놀려고 하는 사람과는 점점 더 멀어지고 공부하려고 하는 사람과 가까워진다.

지금 자신이 수험 생활을 하는 이유가 친구를 사귀거나 사회생활을 하기 위해서가 아니라 합격을 하기 위해서임을 다시 한번 되뇌어라. 그리고 이 수험 생활을 하기 위해 포기한 것들을 생각하라. 많은 것을 포기하며 이 자리까지 왔는데 지금 거절하는 게 힘들어 공부하는 시간을 낭비할 수는 없다고 마인드 컨트롤을 하는 것이다. 성숙한 성인은 거절을 당했다고 해서 나를 미워하거나 해코지하지 않는다. 그러니 걱정하지 말고 나를 중심에 두는 생활에 익숙해지도록 노력해보자.

혼자 있는
시간의 힘

　　　　　　나 또한 아주 최소한의 인간관계를 형성하는 게 외롭긴 했지만 불행하진 않았다. 사람은 누구나 혼자 있을 때 가장 크게 성장한다. 하지만 혼자 공부하다 보면 내향형인 사람도 타인의 온기가 그리워진다. 나는 외로움이 찾아올 때면 친구들에게 연락하기보다는 스스로 이겨내기 위해 독서실을 벗어나 스터디카페에서 2~3시간 동안 공부했다. 맛있는 음료를 먹으며 예쁜 공간에 앉아 있는 것 자체가 기분 전환이 되기도 했고, 다른 사람들이 공부하는 모습을 보며 위로를 받기도 했다.

　　때로는 번잡한 오픈형 도서관을 찾아가기도 했다. 마찬가지로 외로움의 압박에서 벗어나기 위한 방법이었다. 마주 보거나 옆에 앉은 사람의 책장 넘기는 소리, 숨소리를 듣고 화장실을 가거나 잠깐 쉬러 나가는 모습을 보면서 왠지 모를 동료애를 느꼈다. 이렇게 혼자 공부하면서 나를 위로해줄 완벽한 타인을 찾은 것이다.

　　실제로《혼자 있는 시간의 힘》저자인 사이토 다카시는 '혼자 시간을 보낼 수 없다면 앞으로 나아갈 수 없다'고 말한다. 그는 심지어 재수를 시작한 18세부터 첫 직장을 얻은 32세까지 철저히 혼자 시간을 보내면서 목표를 현실로 만들기 위해 묵묵히 내공을 쌓았다. 다른 사람이 인정해주지도 않았지만 오로지 나를 믿으며 혼자 있는 시간의 힘을 쌓아나간 것이다. 마침내 그는 베스트셀러 작가이자 인기 교수가 되었다.

사람들은 누구나 혼자가 되는 걸 두려워한다. 하지만 중요한 시기일수록 타인에게 쓰는 에너지조차 모두 아끼고 모아서 공부에 집중해야 한다. 따라서 적극적으로 혼자 시간을 보내는 것을 추천한다.

때론 나를
열악한 환경에
던져라

반지하 원룸에서
견디기

시험에 한 번 떨어진 뒤 가장 먼저 든 생각은 '나약한 나의 멘탈을 부숴야겠다'라는 것이었다. 좀 올드하게 들릴 수 있지만 그때만큼은 아버지가 늘 이야기했던 '헝그리 정신'이 필요했다. 배가 고파야 간절해질 수 있고 간절해야 합격할 수 있다는 이야기다.

시험에 떨어졌을 때 나는 나 자신을 좀 더 벼랑 끝으로 몰아붙여야겠다는 생각이 들었다. 처음 공부할 때는 대리석이 깔린 신식 원룸에서 지냈는데 그마저도 마음을 나약해진 원인 중 하나라는 생각이 들었다. 그래서 선택한 곳이 반지하 원룸이었다. 독서실 바로 옆

건물이었지만 계속 방이 빈 채로 남아 있었던 컨디션 최악의 원룸이었다. 여름만 되면 곰팡내가 나고, 겨울이 되면 살이 아릴 정도로 추운 곳이었다. 지나다니는 사람들이 허리를 굽혀 보면 집 내부가 전부 보일 정도로 사생활 보호도 안 되는 반지하에서 지내며 언젠가 반드시 이곳에서 탈출하리라 생각했다.

지금은 시험에서 떨어졌으니 이런 곳에서 지내는 게 당연하다고, 앞으로도 적당히 설렁설렁 공부하면 계속 힘들게 살 수밖에 없다고 생각했다. 하지만 열심히 공부하면 다시는 반지하 원룸에서 살지 않을 것이고 나중에는 추억이 되리라 생각하며 의지를 다잡았다. 열악한 환경만큼 악바리 근성이 나오기에 좋은 것은 없었다.

악바리가
되어라

공부하면서 '왜 우리 가족은 나를 응원해주지 않을까?', '왜 나는 공부하면서 경제적으로 어려움을 겪어야 할까?', '공부하기에 좋은 환경이면 좋은 성적을 얻을 수 있을 텐데'라고 생각하는 사람들이 많다. 그러나 어려운 환경을 탓할 것 없다. 나도 모르는 새 생긴 헝그리 정신이 오히려 나를 악바리로 만들어줄 것이다. 지금의 삶에서 탈출하고 싶은 간절함이 나를 더 열심히 공부하는 인간으로 만들어줄 것이다.

편한 환경에서 공부하는 사람들이라고 아무 핑계 없이 열심히 공부할까? 오히려 아늑하고 편안한 환경, 즉 '나만 잘하면 모든 것이 다 해결될 수 있는 환경'에서 공부하는 것이 부담스럽고 압박감이 상당할 수 있다. 혹은 모든 것이 다 갖춰져 있어 간절함이 없을 수 있다. 내가 내 힘으로 인생을 바꿀 수 있다는 것, 내가 지금보다 더 높은 자리로 올라갈 수 있다는 희망과 믿음이 나를 이끌어주는 원동력이 된다는 걸 잊지 말자.

동조압력을
이용하라

길을 나선 지 얼마 지나지 않았을 때는 처음에 정한 방향으로 잘 나아간다. 하지만 점차 몸과 마음이 지치고 특히 사방이 막힌 독서실 같은 곳에서 공부하다 보면 지금 가고 있는 방향이 맞는지 의심도 들고 감을 잃을 확률이 높다. 그렇다. 지금 당신은 기나긴 터널의 중간 지점에 있는 것이다.

끝도 보이지 않는 어둠 속에 있을 땐 길을 잃고 방황하기 쉽다. 이럴 때는 작은 불빛 하나도 소중한 법이다. 이 불빛은 어디서 찾을 수 있을까? 바로 나와 같은 공부를 하는 수험생들이다. 그들이 어떻게 공부하는지 눈으로 직접 확인하며 비교해보면 된다. 내가 가는 길의 안내자이자 게으름을 막아주는 '동조압력' 방법이다.

사실 나는 기본서와 기출문제만 풀면 충분하다고 생각하고 있었다. 하지만 알고 보니 시험공부를 하는 사람들은 기출문제 외에 모의고사도 풀고 있었다. 그걸 보고 큰 충격을 받았다. 나와 맞지 않아서 모의고사를 안 보고 기출문제만 공부하겠다고 선택하는 것과 모의고사를 봐야 하는지조차 몰라서 선택하지 않는 것은 전혀 다른 문제다. 주변에서 공부하는 사람들이 어떤 공부를 하는지 살펴보고, 내 공부 방법이 올바른 방향을 향해 가고 있는지 점검해보는 것은 매우 중요하다.

방법은 물론 시간도 마찬가지다. 공부하는 일정을 내 능력치 이상으로 높이 잡는 것도 문제지만 남들에 비해 여유있게 잡는 것 역시 위험하다. 내가 커스터마이징한 공부법이 지금 준비하고 있는 시험에 합격하기에 턱없이 부족한 양일 수도 있다. 혹시 공부의 양을 잘못 설정한 것인지 아닌지에 대한 비교 및 검증은 수험 기간 내내 이뤄져야 한다.

비교 대상은 비단 스터디원뿐만이 아니다. 신림동에서 공부할 때 나처럼 사법시험을 보는 사람들 말고도 공무원, 감정평가사, 회계사 등 꿈을 이루기 위해 공부하는 사람들이 있었다. 사법시험보다 공부의 양이 적다고 알고 있었지만 나보다 더 오랜 시간 책상에 앉아 공부하는 사람도 꽤 많았다. '저 사람도 저렇게 공부하는데 나는 지금 너무 나태하구나'라는 생각이 들어 나도 모르게 쉬기보다는 조금이라도 더 공부하려고 애쓰기도 했다. 왠지 모를 경쟁심에 집중도 훨씬 더 잘되었다. 타인이라는 압력이 엄청난 동기부여로 돌아온 것이다.

함께 공부하는 사람들의
에너지를 받아라

한번은 이런 일도 있었다. 독서실의 휴게실에서 경찰공무원 시험을 준비하는 남학생들 네 명이 새벽 기상 스터디를 하고 있었다. 어느 날 아침 7시쯤 휴게실에서 네 명이 모여 문제를 풀고 헤어지는 걸 봤는데, 그들의 열정과 에너지를 보고 덩달아 좋은 기운을 받은 것 같아 흐뭇했다.

그때부터 나는 그들과 스터디를 같이 하지 않았지만 가끔 7시면 휴게실에 가서 그들이 나왔는지, 공부하고 있는지 확인하고 내 자리로 오곤 했다. 그런 모습을 확인하면 에너지를 나눠 받은 듯 확실히 공부가 잘되었다. 기존에 하던 공부법을 바꾼 건 아니었다. 그렇지만 함께 공부하는 사람들의 열정과 에너지를 느끼고 받으면서 자리에 앉아 있는 동안 집중력이 훨씬 더 강화되었고 공부를 대하는 태도를 다시금 돌아보게 되었다.

또한 독서실에는 탁 트인 오픈형 열람실이 있었다. 서로 다른 공부를 하고 있지만 '내가 저 사람보단 더 열심히 공부할 거야. 더 오래 앉아 있을 거야. 저 사람이 쉬러 나갈 때까지 난 절대 쉬러 나가지 않을 거야' 하는 듯한 묘한 긴장감이 돌았다. 실제로 앉아 있는 게 너무 힘들어서 쉬고 싶었는데, 내 옆에 앉아 있는 학생이 단 한 번도 쉬러 나가지 않는 것을 보고 나도 조금만 더 버텨야겠다며 2시간 넘게 자리에 앉아 있기도 했다.

하지만 결국 더 오래 앉아 있겠다는 의지가 꺾이고 2시간 30분 공부하고 쉬러 나갈 때는 마치 경기에서 진 것 같은 패배감을 맛보기도 했다. 5분만 쉬고 다시 열람실로 돌아갔는데 그 사람은 여전히 자리에서 공부하고 있었다. 나는 마치 새로운 게임을 시작하듯 자리에 앉아 바로 공부하기 시작했다. 그날의 경기는 내가 졌지만 평소보다 쉬는 시간을 늦게 가졌기에 절대적인 공부 시간이 길었다.

사람들에게서만 나오는 기운이 있다. 공부를 열심히 하는 사람들끼리 모여 있으면 나도 덩달아서 열심히 하게 된다. 동조압력을 이용하면 공부의 지구력을 기르는 데 큰 도움이 될 수 있다.

자기신뢰를
만드는
방법

'10년씩 공부하는 사람도 많다는데 나도 그들처럼 고시낭인이 되면 어떻게 하지?'

'별다른 스펙을 쌓지도 않았는데 떨어지면 취직이 아예 안 되는 건 아닐까?'

'모두의 비난과 비웃음을 어떻게 견뎌야 할까?'

공부하는 동안 이런 부정적인 생각들이 휘몰아칠 때가 있다. '과연 내가 될까'라는 불안감에 감정 소모가 상당하다. 특히 주변에서 응원과 조언을 받을 수 없는 고독한 상태라면 걱정과 불안은 더욱 커질 것이다. 이럴 땐 자기신뢰를 회복해야 하는데, 스스로 믿음을 쌓기 위해서는 성공 경험을 늘려보는 게 답이다.

반에서 1등을 했다거나 달리기 시합에서 1등을 하는 등 한 번이라도 성공해본 사람은 성공했을 때의 기분이 어떤지, 당장 하루가 어떻게 변하는지 잘 안다. 또한 성공해봤기 때문에 두 번째 도전 역시 성공할 수 있을 것이라는 강한 믿음을 갖게 된다. 결국 성공해본 사람은 두 번째, 세 번째 도전이 좀 더 쉽게 성공으로 이어지는 경우가 많다.

반면 성공해보지 않은 사람은 '이 일을 잘한다고 해서 인생에 어떤 변화가 오는 걸까?', '내가 할 수 있는 사람일까?' 등 스스로를 믿지 못하고 한계를 느끼기에 오히려 실패의 길로 빠져드는 경우가 많다. 그래서 뭔가 큰일을 성취하고 싶다면 그에 앞서 작은 성공 경험을 여러 번 만들어두는 것이 중요하다. 예를 들면 학원 쪽지 시험 문제를 모두 맞힌다든지, 스터디원과 함께 치르는 모의고사에서 상위권에 드는 것이다. 이런 성공 경험이 조금씩 쌓이다 보면 자신도 할 수 있다는 믿음이 생긴다.

나 역시 처음 사법시험을 공부할 때 스스로를 믿지 못하는 상태에서 시작했다. 고등학교나 대학교 때 성적은 사법시험에 붙을 수 있을 정도로 높은 성적은 아니었고 내가 똑똑하다는 생각은 단 한 번도 해본 적이 없었다. 그러던 어느 날 문득 성공 경험이 쌓이면서 스스로 믿음이 생겼다. 처음으로 민법 관련 스터디를 하게 된 날이었다. 놀랍게도 스터디 내에서 내가 상위권 점수가 나온 것이다. 이런 경험도 있다. 대학교에서 치르는 공식 사법시험 모의고사가 있었다. 모의고사에 합격하면 대학교에서 장학금 등 혜택을 주는 거였는데 정말 믿기지 않게 장학금을 받게 되었다. 그 작은 경험이 정말 큰 힘이 되었다.

이런 작은 성공의 경험을 조금씩 축적해보자. 예를 들면 내 재능을 나눠 주는 방법도 있다. 그 분야에 대해 내가 조금이라도 더 많이 알고 있다면 다른 사람들에게 알려주는 것이다. 그러면 나도 실력이 올라가고 자존감도 올라 자신에 대한 믿음이 생긴다. 멘토가 되어 다양한 문제의 해결 방법을 공유하는 것도 좋다.

핑계는 그만,
지금 바로
시작하라

유튜브에 공부 계획 영상을 올리면 항상 달리는 댓글이 있다. 공부 못하는 애들은 공부는 안 하고 맨날 계획만 세운다는 댓글이다. 나도 공부를 하기 싫을 때면 독서실 책상에 앉아 계획만 자꾸 수정하면서 현실을 외면하고 싶었던 때가 있었다. 그리고 그런 공부 방법을 하나씩 만들다 보면 어느 순간 내가 공부하고 있는 것 같은 착각이 들어 기분이 좋아지기도 했다.

공부 계획 영상을 보거나 다른 사람들의 이야기를 듣는 게 나쁜 건 아니다. 이는 일종의 동기부여 과정이다. 공부를 더 효율적으로 하고 싶어 다른 사람들의 이야기를 듣는 것은 어쨌든 공부에 관심이 있다는 뜻이고, 더 나은 정보를 찾기 위해 능동적으로 노력하고 있으므로 절대 나쁜 것이 아니다.

문제는 실행력이다. 이야기만 듣고 실행하지 못하는 건 지양해야 할 태도다. 좋은 공부 방법을 들었음에도 실행하지 못하는 이유는 아마 두 가지 정도일 것이다. 첫째, 현재의 삶을 바꾸는 것이 귀찮아 서다. 둘째, 계획을 실행했을 때의 상황이 많이 바뀌는 게 겁이 나기 때문이다.

1퍼센트의 차이를 만드는 법

'명품은 1퍼센트의 차이'라는 유명한 광고 문구가 있다. 합격과 불합격도 큰 차이에서 오는 것이 아니라 1퍼센트의 차이에서 발생한다. '오늘부터 몇 시에 일어나는지 체크해야지!'라고 마음먹었지만 귀찮아서 시간을 체크하지 않고 그냥 독서실로 향했다고 하자. 그리고 그다음 날도 그저 일어나는 대로 무작정 독서실에 도착했다. 매번 기상 시간이 다르니 공부 머리가 깨어나는 시간도 일정하지 않아 집중력도 들쭉날쭉해서 결과적으로 버리는 시간이 많았다. 하지만 친구는 내가 미뤘던 일을 오늘부터 해서 일주일 동안 본인이 몇 시에 일어나는지 체크했다. 결국 친구는 본인의 수면 패턴을 파악해 졸지도 않고 시간을 효율적으로 썼고, 나는 그러지 못했다. 이 차이가 누군가는 합격, 누군가는 불합격이라는 결과를 만들어내는 것이다.

지금 내가 느끼는 '귀찮음'의 감정을 이겨내는 것과 그것이 만들어 내는 결과물을 비교해보라. 나는 뭔가 하고 싶지 않을 때마다 오늘 할 일을 내일로 미뤘을 때 내 인생에 닥칠 큰 변화를 상상했다. 그 귀찮고 막막함은 하기 전 1분 정도의 감정이다. 막상 해보면 별것도 아니다.

그리고 계획을 실행하기엔 현재 상황이 너무 많이 변하는 것 같아 겁이 나는 경우도 행동으로 나서지 못한다. 누구나 인생에서 큰 변화는 본능적으로 거부하기 마련이다. 실제로 지금과 같은 수험생의 삶에서 갑작스럽게 큰 변화를 주는 것은 적절한 선택이 아닌 것도 맞다. 가령 아침 8시에 일어나는 사람이 갑자기 미라클 모닝을 하겠다며 새벽 4시에 일어나겠다고 한다면 당연히 실행하기가 부담스러울 수밖에 없고 계속 미룰 것이다.

그렇게 거창한 계획은 세울 필요가 없다. 나도 모르는 사이에 천천히 몸에 밸 수 있도록 작은 변화부터 실행에 옮기는 것이 좋다. 아침에 일어나는 시간을 바꾸기 전에 평소 몇 시에 일어나는지, 그 시간에 일어났을 때 컨디션이 어떤지부터 기록해보라. 기록을 바탕으로 조금씩 아침에 일어나는 시간을 조절하는 것이다. 10분, 20분씩 조절하다 보면 나도 모르는 사이에 아침에 일찍 일어나는 사람이 되어 있을 수 있다.

마찬가지로 지금 공부를 10시간 하는데 12시간으로 늘리고 싶다면? 역시 조금씩 늘려라. 갑자기 하루에 12시간씩 공부하는 게 힘들면 30분씩 먼저 늘리고 나머지 부족한 시간은 주말에 보충해도 좋다. 실행력이라는 것은 이렇게 작은 것부터 시작했을 때 큰 힘을 발휘한다.

계획이 조금 불만족스럽거나 완성형이 아니라는 생각이 들어도 우선 내일부터 당장 해보자. 계획은 당연히 미완성일 수밖에 없다. 가지 않은 길을 어떻게 갈 것인지 상상해서 만드는 것이기 때문이다. 실제 해보고 나서 무언가 착오가 있었다면 다시 계획을 수정하면 된다. 유연한 생각으로 조금씩 해나가다 보면 게으른 과거의 나는 사라지고 곧바로 실행하는 사람으로 바뀌어 있을 것이다.

인생은
우상향으로
올라간다

공부하는 사람들은 종종 자신이 '뒤처지는 것 같다'라는 생각에 빠질 때가 있다. 나도 긴 기간 동안 공부하면서 친구들이 어느덧 취직하고 결혼하는 걸 보며 왠지 나만 느림보 인생을 사는 것 같다는 생각을 했다. 합격자 발표 명단에 내 이름이 없는 것을 확인하고서는 거기에 적힌 다른 이름들을 보며 '이 합격자는 몇 살일까?', '나보다 어린 이 친구는 짧은 시간에 합격했는데 난 뭘 하고 있나' 하는 자괴감에 빠지기도 했다.

몇 년 뒤 합격한다는 확신만 있으면 불안감이 좀 덜해지기라도 할 텐데 내 미래는 그 누구도 보장할 수 없다. '내 인생은 이제 망한 거야', '왜 나는 이런 시험을 치겠다고 결정했을까?', '말이 시험이지 도박이 따로 없다' 하면서 자책하는 시간도 많았다. 그렇지만 이런 부정적인 생각들은 곱씹을수록 더욱더 깊은 부정적인 감정의 구덩이로 빠지고 만다.

남이 아닌 나 자신을
거울로 삼아라

인생은 일직선 모양으로 쭉 올라가는 것이 아니다. 때로는 후퇴하고 주춤하면서 계단식으로 올라간다. 지금 당신은 계단의 중간에서 그 노력치를 쌓아 올리고 있다. 즉 당신의 인생은 '우상향'으로 올라가고 있다. '새도 날기 전엔 천 번의 날갯짓을 한다'라고 했다.

어디든 나보다 잘난 사람은 있기에 그들을 보면서 자신을 책망하고 미워하면 수험 생활이 더 힘들어진다. 이를 경계하기 위해 나는 조금 '뻔뻔해지는' 습관을 들였다. 작은 칭찬도 크게 받아들였고, 학원에서 모의고사를 치르고 받은 긍정적인 피드백이 있으면 오려서 독서실 책상에 붙여두었다. 아직도 기억에 남는 피드백은 '답안지에 쟁점을 잘 녹여 요약을 굉장히 잘하시네요'라는 멘트였다. '신림동 상위 3퍼센트에 드는 글씨체'라는 피드백도 있었다. 내가 잘하는 건지 의문이 들 때마다 '내가 잘하니까 다른 사람들이 나를 칭찬해줬겠지!' 하며 나를 다독거렸다.

나의 작은 성공 경험들

요약을 굉장히 잘 하시네요!	신림동 상위 3% 글씨체!	문제 해설이 거의 강사급으로 자세합니다.

　남들과 비교를 최소화하고 차라리 과거의 나 자신과 비교해야 한다. 비교로 경쟁심이 생겨서 공부를 더 열심히 하면 좋지만 이를 넘어 불안감이 생기면 즉시 중단해야 한다. 불안감이 부정적인 감정으로 변하는 것은 순식간이다. 남들과의 비교를 멈추고 과거의 나와 현재의 나를 비교하는 방법을 추천한다.

　'1년 동안 무엇을 했는가'라고 생각이 들 때마다 스케줄러를 펼쳐 1년 전 나와 지금의 나를 비교해보자. 1년 전에는 전혀 몰랐던 지식을 지금 알고 있다. 1년 전에는 5시간 보다 오래 앉아 있을 수 없었지만 지금은 종일 책상 앞에 앉아 있다. 1년 전에는 스터디원들에게 잘 설명할 수 없었는데 지금은 가능하다. 이렇듯 남이 아닌 과거와 현재 나의 모습을 지켜보면 그동안 얼마나 열심히 살았는지 알 수 있고 나를 칭찬해주고 싶을 것이다. 나를 사랑해주는 마음으로 좀 더 열심히 공부하는 것과 나를 미워하는 마음으로 공부를 열심히 하는 것은 분명 다르다는 사실을 기억하자.

100일의
법칙을
경계하라

시험 100일 즈음이 되면 아예 응시를 포기하는 사람들이 정말 많이 생기는데 이 때문에 '100일의 법칙'이 생겼다. 3개월 정도만 버티면 시험이고 이제 다 끝날 텐데 수개월, 몇 년을 공부하며 버텼던 사람들이 마지막 100일을 버티지 못하고 포기하는 경우가 종종 있다.

사법시험을 준비할 때 가끔 밥만 같이 먹고 바로 헤어지는 정도의 관계인 지인이 있었다. 헌데 100일쯤 남았을 때부터 그 지인은 좀처럼 보이지 않았다. 처음에는 '밥 먹을 시간도 아끼면서 공부하나보다'라고 생각했지만, 나중에 알고 보니 그때부터 PC방에 머무르는 시간이 늘어나 보이지 않았던 것이다. 지인은 100일쯤 남으니 남은 공부의 양을 도저히 따라가기 벅찰 것 같았고, 현실을 도피하며 PC방에 있는 시간이 늘어났다고 한다. 그러다보니 자연스럽게 공부를 열심히 하는 친구들 얼굴을 보기에도 부끄러워져서 그만 시험을 포기해버렸다.

심지어 한 지인은 사법시험 2차를 치르던 중 이틀째 되는 날 갑자기 불합격에 대한 두려움이 몰려와 기차를 타고 도망갔다고 한다. 결국 그는 시험을 치지 못하고 과락으로 떨어졌다. 그다음 해에 중압감을 이기고 합격하긴 했지만 도망가지 않았더라면 1년 일찍 붙었을 것이다.

99일 전부터는 지금껏 했던 것보다 더 빠르게 집중하면서 공부해야 한다는 말이다. 쉬면 쉴수록 감당이 안 되는 시간의 압박이 찾아오고, 더불어 시험이 코앞에 닥친다. 지금 책의 절반도 못 봤는데 다음 과목으로 넘어가야 한다. 그러면 '이렇게 진도도 못 따라가는데 시험에 합격할 수 있을까?' 하는 생각이 들면서 포기하게 된다.

수험 기간 내내 '떨어질 것 같은 불안감'이 쌓이고 쌓여 폭발하는 경우도 있다. 결국 엉덩이가 무거운 사람이 합격한다는 이야기를 들어본 적이 있을 것이다. 폭발할 것 같은 중압감도 내 엉덩이로 깔고 앉아 버텨야 한다.

그러면 이제부터는 '100일의 법칙'을 멋지게 깨고 합격의 길로 들어서는 방법을 알아보자.

지금 당신이 편한 이유는 내리막길을 가고 있기 때문이다.

_미상

나를 죽이지 않는 역경은 나를 키운다.

_프리드리히 니체(Friedrich Wilhelm Nietzsche)

꿈이 바로 앞에 있는데, 당신은 왜 팔을 뻗지 않는가?　_미상

Part
04

결승선에
다다랐을 때
: 골인 지점

파트 4에서는 앞에 보이는 결승선을 넘기 위한 마지막 스퍼트에서 염두에 두어야 할 사항들을 담았다. 시험 날짜가 얼마 남지 않은 순간의 시험 전략과 멘탈 관리법 등 D-99부터 D-day까지 꼼꼼히 챙기고 준비해야 할 것들을 살펴보자.

Chapter
07

합격하는 사람은
한 끗이 다르다

시험 당일
루틴을
미리 연습하라

시험 당일, 유난히 긴장해서 시험을 잘 못 치르는 사람들이 있다. 나는 시험장에서 긴장하는 스타일은 아니었지만 그래도 평소보다 더 떨리긴 했다. 시험 당일의 긴장감은 우리가 통제할 수 없는 영역이다. 보통은 처음 접하는 환경에서 긴장감을 느낀다. 시험을 친다는 것 자체도 낯선 환경이며 시험을 보는 곳도 낯선 곳이고 진짜 실전이라는 것 자체가 자주 경험할 수 없는 일이다. 바로 이 '낯섦'을 타파해야 한다. 반복 학습을 통해 시험 100일 전부터는 낯선 환경을 익숙하게 만드는 훈련을 해야 한다. 잠자는 시간, 필기 방법, 먹는 것까지 미리 시험 당일의 루틴으로 해보는 것이다.

언젠가 TV에서 '피겨 여왕' 김연아 선수의 인터뷰를 본 적이 있다. 올림픽이 끝나고 나서 그는 '올림픽이 이런 거였어?' 하고 약간의 허무함을 느꼈다고 말한 적이 있다. 날마다 숨 쉬듯 연습했고 올림픽 경기에서도 평소 훈련한 것처럼 연기했기에 긴장감 대신 허무함을 느낀 것이다. 김연아의 이 인터뷰를 보면서 그가 매일매일 얼마나 노력했을지가 그려졌다. 지겹도록 연습을 했으니 그런 말이 나왔을 것이다. 아무나 할 수 있는 말이 절대 아니다.

시험 당일 적당한 긴장감은 긍정적인 역할을 하지만 긴장감이 도를 넘어서면 잘 아는 것도 기억이 나지 않을 정도로 정신적 붕괴 현상이 일어난다. 그간의 노력이 헛되지 않기 위해 99일 전부터 시험 당일 루틴을 미리 연습해보길 추천한다.

규칙적인 수면 리듬을
만들어라

시험 전날 잠이 안 와서 새벽까지 잠을 설치다가 결국 시험을 망쳤다는 사람들이 종종 있다. 불면증의 원인은 여러 가지가 있지만 특히 걱정과 염려 때문에 뇌가 각성이 되고, 온몸의 근육 또한 긴장으로 경직되기 때문이다. 잠이 오지 않는 현상을 조금이라도 예방하기 위해 시험 당일과 똑같은 시간에 자고 일어나는 수면 리듬을 만들어야 한다. 100일 전부터 나는 시험 당일의 기상, 수면 시간에 따라 자고 일어났다. 밤 12시까지 공부하고 새벽 1시에 잠들었으며 오전 7시에 일어나 8시부터 공부했다.

이렇게 하면 시험 전날 긴장이 되어도 늘 자던 시간이 되면 자연스럽게 잠들 수 있다. 규칙적인 수면 리듬은 불면증을 해소하는 방법이므로 굳이 99일 전부터가 아니라 그 전부터 유지하는 것이 좋다. 나는 평소에도 똑같은 루틴을 유지하려고 했지만 1시간 정도는 차이가 났다. 하지만 시험 99일 전부터는 아무리 차이가 나도 최대 30분을 넘기지 않는 루틴을 만들기 위해 잠자러 가는 시간과 기상 시간을 메모하며 습관화했다.

먹는 것을
가장 조심하라

시험 99일 전부터는 먹는 것도 조심해야 한다. 음식을 잘못 먹고 탈이 나 하루를 날려버리면 리스크가 상당하기 때문이다. 무엇을 먹는지 음식의 종류도 중요하지만 식사량도 중요하다.

특히 시험 전날 긴장된다는 이유로 우황청심환이나 수면제를 먹는 등 건강 보조제를 먹는 경우가 있다. 만약 크게 긴장하는 스타일이라 반드시 먹어야 한다면 적어도 시험 99일이 남은 시점에 2~3번 먹어서 내 몸에 맞는지 알아봐야 한다. 몸에 받지 않으면 아예 먹지 않도록 한다. 안 그래도 평소보다 몸이 예민한 상태인데 함부로 복용했다간 어떤 일이 일어날지 알 수 없다. 괜한 리스크는 만들지 않는 것이 좋다.

펜 하나도
손에 익게 하라

'펜이 뭐가 중요할까'라고 생각할 수 있지만 필기구는 생각보다 중요하다. 시험 당일에는 펜과 같은 사소한 것 하나도 내게 맞고 익숙한 걸 사용해야 한다. 다양한 펜을 써보면서 모두가 좋다고 하는 펜이 아니라 내 손에 잘 맞는 펜을 찾아라. 객관식이라면 큰 의미가 없지만 논술이나 주관식 시험이라면 손에 힘이 덜 들어가고 글씨가 빠르고 예쁘게 써지는 펜이 내게 잘 맞는 펜이다. 그리고 번질 우려가 있는 펜은 절대로 고르면 안 된다.

나는 펜을 고를 땐 돈을 아끼지 않았고 잠깐씩 쉴 때마다 문구점에 가서 다양한 펜을 써보고 주변에서 이야기도 들었다. 내게 가장 잘 맞는 펜은 제트스트림 0.7밀리미터였다. 강의를 들을 때, 답안을 쓸 때, 오답 노트를 쓸 때, 심지어 낙서할 때도 오로지 이 펜만 썼다. 특히 글자를 오래 쓰면 세 번째 손가락에 굳은살이 생기는데 이 굳은살도 펜과 맞춰야 한다는 생각으로 99일 동안 펜에 적응하는 시간을 가졌다.

논술 시험을 준비할 때는 글씨 쓰는 속도, 특히 가독성이 좋도록 글자의 크기까지 신경을 썼다. 글씨가 크면 가독성은 좋지만 쓰는 시간이 오래 걸리고, 크기가 작으면 빨리 써지지만 가독성이 좋지 않기 때문이다. 펜도 펜이지만 종이에 따라 쓰는 느낌이 또 달라진다. 그래서 답안을 쓰는 종이도 최대한 비슷한 질감으로 구해 사용해봐야 한다. 고시촌 주변에서는 답안지와 비슷한 질감의 종이를 쉽게 구할 수 있다.

그런데 '시험 당일에나 글씨를 바르고 예쁘게 쓰면 되지, 지금 뭐하러 글씨를 예쁘게 쓰나?' 하며 글자도 막 쓰는 경우가 있다. 하지만 적어도 시험 99일 전에는 연습도 실전처럼, 연습장에 휘갈기는 메모도 실전처럼 하길 바란다. 습관의 힘은 무섭다. '지금은 시험이 아니니까 괜찮아'라고 휘갈겨 써 내려갔던 그 습관이 시험 당일 당황스러운 순간이 닥쳤을 때 나도 모르는 사이에 튀어나올 수 있다. 그러면 글씨가 엉망이 되고 덩달아 멘탈이 붕괴된다. 적어도 시험 99일 전부터는 모든 것을 실전이라 생각하며 연습해야 한다.

스터디로
실전 감각 쌓기

모의고사 스터디는 평일에 해도 좋고, 주말에 날을 잡아 시험 스케줄과 똑같이 전 과목을 한 번씩 다 풀어보는 식으로 해도 좋다. 모의고사 스터디를 하면 시험 당일의 긴장감도 느껴볼 수 있는 장점이 있지만 무엇보다도 문제를 푸는 실전 감각을 키울 수 있다. 시중에 나온 모의고사 문제집으로 풀어도 좋고 그동안 공부한 기출문제를 다시 모의고사 형태로 만들어 풀어도 좋다. 이렇게 페이스를 찾아가는 것은 내 머리가 시키는 일이 아니라 내 몸이 익숙해져서 나오는 결과다. 시험 당일 긴장감이 큰 사람일수록 이런 방법을 꼭 써보길 바란다.

나는 점심 식사도 수험 시간과 똑같은 타이밍에 밥을 먹었다. 오후 시험을 치르는 시간에도 반드시 공부했다. 아무리 수험 당일이라 해도 점심을 먹고 나서는 졸린 경우가 많다. 그래서 오후에 잠이 오는 것을 막기 위해 낮잠 대신 공부하는 훈련을 했다. '독서실이 마치 시험장인 것처럼, 시험장에선 평소 공부할 때처럼'이 마인드 컨트롤의 핵심이다. 지금 당장 99일 루틴을 만들기 위해 하나씩 생각해보자. 무엇을 입고, 무엇을 쓰고, 어떻게 자고 일어날지 계획하라.

99일 전
회독 공부법

99일 전부터 시작하는 회독은 기존의 회독과 달라야 한다(아마 3회독이나 그 이상쯤 되었을 때가 아닐까 싶다). 물론 시험마다 다르겠지만 나 같은 경우는 99일 전에 보는 것이 거의 마지막 회독이었다. 마지막 회독을 끝내고 나면 그때부터는 몇 주 정도밖에 남지 않을 때이기 때문이다. 회독 공부법에서도 이야기했는데 다시금 강조하고자 한다.

시간을 효율적으로 써야 해서 내가 아는 것은 80퍼센트만 안다고 생각이 들어도 연필로 빗금을 그었다. 99일 전부터는 한 권의 책을 회독할 때 주어지는 시간이 매우 줄어들므로 이때부터는 시간과의 싸움이다. 따라서 이미 아는 것은 빗금을 그어두는 것이다.

반면 내가 모른다고 느끼는 부분은 책 옆에 테이프를 붙여놓았다. 시험 바로 전에는 모르는 부분만 빠르게 보려고 테이프로 마킹해놓은 것이다. 한 번만 더 보면 될 것 같은 부분은 파란색 테이프, 두 번 봐야 할 것 같은 건 주황색 테이프, 세 번 이상 봐야 할 것 같은 부분은 빨간색 테이프로 마킹했다.

그리고 강사들이 시험에 안 나온다라고 해서 보지 않았던 부분은 넘겼다. 내가 잘하는 것에 온전히 집중하는 것이 더 맞기 때문이다. 이렇게 통독하면서 스티커를 붙이고 그다음에 책을 다시 볼 때는 테이프를 붙여놓은 부분만 보면 된다.

이렇게 표시하고 나서 책을 다시 볼 때는 '빨간색 테이프로 표시해둔 부분→주황색 테이프로 표시해둔 부분→노란색 테이프로 표시해둔 부분→아무것도 표시해두지 않은 부분→빗금 친 부분' 순으로 책을 봤다. 이렇게 보다가 마지막에 시간이 부족하면 뒷부분은 그냥 보지 않고 패스하거나 매우 빠른 속도로 보면서 시간을 조절했다.

D-30의
생활
패턴

시험이 다가오면 그동안 공부하지 못하고 쌓여 있던 공부의 양이 한꺼번에 밀려오는 느낌이 든다. 시간이 턱없이 부족한데 이 많은 공부를 대체 어떻게 해야 하나 아찔하다. 이때 사람들의 반응은 다음과 같은 유형들로 나뉜다.

❶ 평소에 하던 대로 꾸준히 한다.
❷ 평소에 하지 않던 벼락치기 공부법을 갑자기 시도한다.
❸ 포기하거나 도망간다.

당신은 어떤 유형인가? 시간은 없고 공부할 양은 산더미 같으니 그간 하지 않던 공부 방법을 갑자기 시도하는가? 아니면 평정심을 유지하며 평소 하던 대로 공부하는가? 마지막 순간에 포기하거나 도망가는 유형은 아니길 바란다. 아무리 결과가 두려워도 시험을 치러본 것과 아예 치르지 않은 건 어마어마한 차이를 낳기 때문이다.

멘탈이 약할수록 요행을
바라서는 안 된다

　　　　　　첫 번째 경우처럼 평소에 꾸준히 하는 사람은 멘탈이 가장 강한 사람들이다. 자기가 지금까지 해온 것에 대한 믿음을 갖는다는 건 쉽지 않다. 반면에 2번과 3번처럼 행동하는 사람은 멘탈이 약해 자기 자신을 믿지 못하는 사람들이다. 갑자기 벼락치기 공부법을 찾아보는 건 어떻게 보면 지금까지 열심히 하지 않은 것을 한 번에 만회하려는, 요행을 바라는 심리라고 하겠다.

이런 사람들은 3개월 만에 합격하는 법, 벼락치기 공부법, 3시간만 자고 공부하는 법 같은 것들을 찾아보고 적용하려고 한다. 그런데 생각해보자. 평소 하루에 6~7시간 자고 공부 해도 피곤한데, 시험 99일 전이라고 3시간만 자고 공부한다고 해서 정신이 바짝 들까? 절대 그렇지 않다.

멘탈이 가장 약한 사람은 3번의 도망가는 사람들이지만, 2번 역시 만만치 않다. 2번처럼 벼락치기 공부법을 시도하는 사람들은 대단히 위험하다고 할 수 있다. 시험을 코앞에 두고 자기에게 맞지 않는 공부법을 도입하면 지금까지의 시간이 전부 무용지물이 될 수 있기 때문이다.

3시간씩 자며 공부하기나 벼락치기 등은 적어도 99일 전에 적용해보고 나에게 잘 맞는지 아닌지 미리 체크해야 한다. 시험 직전이 되어 갑자기 나의 모든 루틴을 바꾸는 공부법을 적용한다는 건 리스크가 매우 크다. 잘 맞으면 다행이지만 잘 맞지 않으면 모든 것을 잃을 수 있다.

이 방법대로 자기에게 최적화된 공부법과 공부 시간, 수면 시간을 찾아 지키려고 꾸준히 노력하면 대부분은 원하는 결과를 손에 넣을 것이다. 상위 1퍼센트에 들 수 있을지는 모르지만 적어도 떨어질 시험은 없다. 요행을 바라지 말고 지금까지의 방식을 그대로 밀고 나가자.

시험 날짜가 다가올수록 멘탈은 말 한마디, 사소한 감정에도 쉽게 흔들린다. 나 역시 그동안 참 독하게 버텼다고 생각했는데 시험에 임박해 흔들리는 멘탈을 부여잡는 게 쉽지는 않았다. 따라서 예상할 수 있고 조절 가능한 상황을 하나라도 더 만들어두는 것이 멘탈을 유지하는 데 큰 도움이 된다.

시험 시간에 맞춰
공부하기

시험 한 달 전부터는 공부 시간을 시험 시간에 맞춰 짠다. 예를 들어 영어 과목은 오전, 수학 과목은 오후에 치르는 일정이라면 한 달 전부터 오전에는 영어 공부를 하고, 오후에는 수학 공부를 한다. 하루에 한 과목씩 공부하는 스케줄을 그대로 유지하는 것이 아니라 여러 과목을 한 번에 보는 연습을 하는 것이다. 그리고 시간대에 맞춰 공부하는 과목도 바꿔서 하는 연습을 한다.

자고 일어나는
시간 맞추기

적어도 4주 전(만약 수험 형태에 따라 벼락치기를 꼭 해야 하는 시험이라면 일주일 전에 바꾸는 것을 추천한다)부터는 수면 패턴을 시험 날에 맞추는 것을 추천한다. 나는 6시간 정도 잠을 자며 공부했지만 30일 전부터는 조금 더 늘려 7시간 정도 자면서 신체 컨디션을 최상의 상태로 맞추기 위해서 노력했다.

자는 시간과 일어나는 시간도 일정하게 맞춰야 한다. 그래야 시험 당일에도 최상의 컨디션으로 시험을 칠 수 있기 때문이다. 나는 시험을 치르는 나흘 동안은 최대 4시간만 잤기 때문에 이 시간을 그

대로 가지고 가진 않았지만 기존의 방식에서 자는 시간만 줄인다고
생각하고 일정한 수면 패턴을 만들어두었다.

먹고 쉬는 시간도
시험일에 맞추기

시험 한 달 전부터는 식사와 휴식 패턴도
시험 당일 스케줄에 맞춘다. 예를 들어 시험 시간이 50분이고 쉬는
시간이 15분이면, 평소에도 쉬는 시간을 15분 내로 맞춘다. 화장실
을 다녀오고 물을 마시는 등 시험 당일의 일정을 미리 체험하는 것
이다. 또한 점심 식사도 시험 당일 시간에 맞춰서 먹는다. 메뉴도 비
슷한 것으로 먹어서 최대한 시험을 볼 때 내 몸에 '낯선 느낌'이 없
도록 하는 게 좋다.

사소한
포기도
포기다

의외로 마지막이 다가올수록 이상하게 포기하고 싶은 마음이 자주 든다. '아직은 준비가 덜 됐어. 떨어지면 부담만 커지니까 올해는 쉬고 내년에 100퍼센트로 제대로 하자'라며 수시로 포기하고 싶은 마음이 든다. 이때 모든 걸 다 내려놓고 도망가는 포기뿐만 아니라 자잘한 여러 가지 포기도 경험하게 된다.

모든 걸 버리고 시험마저 내려놓는 걸 '큰 포기'라고 한다면 공부를 조금씩 내려놓는 것은 '작은 포기'라고 부른다. 하루에 10시간씩 공부하던 사람이 갑자기 6시간만 공부하는 경우도 있다. 이제 와 공부의 양이 얼마나 큰 지장이 있겠나 싶어 내려놓는 것이다. 따라서 30일 전부터는 컨디션 조절도 필요하지만 잠시 나태해진 건 아닌지, 마음이 붕 뜬 건 아닌지 전체적으로 점검해야 한다.

지나치게 낙관적인
태도는 지양하라

　　　　　　'모든 것은 이미 정해져 있다'라는 식의 태도는 지나치게 낙관적이고 운명론적인 생각이 마음을 지배한 것이다. 긍정적인 태도는 부정적이고 나를 갉아먹는 감정보다 당연히 좋다. 하지만 근거 없는 지나친 낙관론은 지양해야 한다. 앞서 '진인사대천명'이라는 한자 성어를 이야기했는데, '모든 건 하늘이 정해주는 것이니 난 어차피 안 돼'라는 뜻이 아니다. 또한 '이 정도 했으면 하늘도 알아주겠지'라는 뜻도 아니다. 시험 당일까지 최선을 다해 마킹까지 끝낸 후 결과를 기다리는 태도인 것이다. 그전에 손을 놔버리는 것과는 확연히 다르다.

　　신림동 고시촌에 있을 때 D-30부터 신림동을 떠나는 친구들이 있었다. 학교에서 시험을 치니까 그때부터 학교 근처에 가서 공부하는 친구들도 있었고, 신림동 외 다른 곳으로 환경을 옮기려는 친구들도 있었다. 그런데 주변의 환경이 변하자 내 마음도 붕 뜨면서 공부가 잘되지 않았다. 시험이 코앞인데도 독서실 자리에 앉아 있는 시간이 줄어드니 마음이 불안해지기도 했다. 더 열심히 공부할 생각은 하지 않고 '어차피 이만큼 공부한 거면 결과가 정해져 있는 것 아닐까?' 하는 안일한 마음이 생겨났다.

　　이런 마음은 굉장히 위험하다. 마지막에 누가 더 치고 나가느냐에 따라 결과가 달라질 수도 있는 시험인데, 모든 게 이미 정해져 있다는 생각으로 손을 놓아버리면 놓는 순간 내 미래는 곧바로 달라질 수 있다.

지나치게 낙관적인 마음은 결국 원하는 목표를 정확하게 바라보지 못하게 하고 집중력을 흐트러뜨린다. 굳이 지금부터 풀어져서 이 중요한 시기를 흘려보낼 이유가 없다. 만약 이런 말을 듣고도 계속해서 마음이 흔들린다면 다음 질문에 대한 답을 생각해보자.

· 나는 이 시험을 그만두고 싶은가?

· 그만두고 싶지 않다면 지금껏 달려온 목표는 무엇인가?

· 지금 마음이 이렇게 붕 뜬 것은 마음의 문제인가, 아니면 생각이 바뀐 것인가?

· 생각이 바뀐 것이라면 포기하지 않을 자신이 있는가?

· 붕 뜬 것이라면 마음을 돌리기 위해 어떤 노력을 해야 하는가?(예를 들면 보상을 명확하게 하기 등)

이 시기에는 많은 수험생의 마음이 붕 뜨고 집중이 잘 안 된다. 따라서 이때야말로 막판 뒤집기를 할 수 있는 유일한 시기이기도 하다. 남들이 열심히 할 때 나도 열심히 하면 추월하기가 어렵지만, 남들이 열심히 안 할 때 조금만 열심히 하면 앞서 나가는 게 어렵지 않다. 그러니 이 중요한 시기를 날려 보내지 말고 마지막까지 최선을 다하도록 하자.

마지막까지 버티는 자가
승리한다

합격한 사람들이 항상 하는 말이 있다. 특별하거나 잘나서 합격한 게 아니라 그저 끈기 있게 끝까지 버텼을 뿐이라고 말이다. 마지막까지 끈기 있게 버티는 바로 그 사람이 최후의 승자다. 시험에 떨어질 때, 성적이 나빠질 때, 슬럼프가 왔을 때 등 공부에 집중할 수 없는 시기와 이유는 참으로 다양하다. 인생이라는 것이 늘 순풍에 돛을 단 것처럼 평온하게만 지나갈 수 없기 때문에 수험 기간에도 많은 일이 생기곤 한다. 그럴 때마다 시험이라는 우선순위를 잊지 않고 묵묵하게 공부하며 버텨야 한다. 그것이 합격에서 가장 큰 성공 요인이 아닐까?

공부해본 사람들은 다 알 것이다. 묵묵히 버티는 게 가장 별것 아닌 것 같아도 가장 어려운 길이라는 걸 말이다. 이제 딱 한 달 남았다. 지금까지 버티고 온 날에 비하면 남아 있는 30일은 아무것도 아니다. 그렇지만 이 기간을 버티는 것은 지금까지 버텨온 그 어느 날보다 힘들고 고통스러울 수 있다.

원래 해가 뜨기 전이 가장 어둡다. 적어도 내가 오늘 계획한 것만큼은 반드시 해낸다는 생각으로 하루하루를 버틴다면 반드시 합격할 수 있을 것이다.

시험
당일의
마음가짐

불안한 마음을
다스려라

　　　　　　시험 당일만 생각하며 수없이 많은 날을 공부해왔다. 당연히 시험 전날 긴장되고 불안한 마음이 들 수밖에 없다. 이 불안한 마음을 굳이 부정할 필요는 없지만 매몰될 필요는 없다. 시험 전날 우리가 떨리는 이유는 무엇인가? '실수하면 어쩌지', '배가 아파서 시험을 못 치르면 어쩌지', '내가 모르는 문제가 나오면 어쩌지' 하는 걱정 때문이다. 이런 불안은 실제로 일어난 일이 아니라 실제로 일어날 일을 가정하고 걱정하는 것이다. 내가 느끼는 감정이 일어난 일에 대한 걱정이 아닌, 일어나지 않은 일에 대한 걱정이라는 것을 생각하자.

그리고 이 불안한 마음을 받아들여라. 부정할 필요는 없다. 괜찮다고, 잘될 것이라고 나 스스로를 타이르는 식으로 감정을 정리하는 것이 좋다. 불안의 감정은 내가 아무리 최대한으로 준비했다 할지라도 마주할 수밖에 없다. 내가 잘하고 못하고와 상관없는 감정이다. 자기 분야에서 정상에 오른 연예인들도 카메라 앞에 서면 불안함을 느끼고 긴장한다.

불안함을 느끼는 순간이 있더라도 막상 실제로 시작하면, 정작 시험장에 가보면 별것 아닌 경우가 대부분이다. 늘 하던 것처럼 공부하듯 시험을 치고 올 것이라며 스스로의 감정을 다독거리며 받아들여야 한다.

내가 불안감을 느끼고 있다는 걸 스스로 인식하는 것, 이를 받아들이는 것만으로도 충분히 내 감정을 다스릴 수 있다. 시험 전날이면 누구나 다 그럴 수 있다는 생각으로 5분 정도 명상을 하거나 산책하며 마음 정리를 해보자.

시험에서 모르는
문제가 나왔을 때

시험 문제를 풀 때 아는 문제가 나와 엄숙한 분위기 속에서도 머릿속으로는 춤을 출 때도 있다. 그렇지만 갑자기 모르는 문제가 나왔을 때는 당황스럽다. 그렇게 공부했는데도 처음 보는 문장과 단어가 있었다니! 짧은 순간에 엄청난 타격을 받는다. 시험에는 내가 원하는 문제만 나오지 않는다. 당연히 내가 모르는 문제도 나온다. 이런 문제를 만났을 때의 정신적 충격에 대비해야 한다. 내가 어떤 액션을 취할 수 있는지에 대한 선택지를 만들어두자.

· 막히는 문제가 나왔을 때 그 문제에 최대 3분 이상은 투자하지 말자.
· 3분 동안 봤는데도 답을 모르겠으면 우선 넘어가서 다음 문제부터 푼다.
· 다른 문제를 풀고 다시 돌아왔는데도 모르겠다면 찍는다.
· 내가 목표하는 것이 100점(만점)이 아니라는 점을 상기하자.
· 불의타는 모든 시험 문제에 나오는 것이며, 이번 시험에도 당연히 나올 수 있다.

상황에 압도되지 말자. 무거운 부담감을 별것 아닌 것처럼 생각할 수 있는 알고리즘을 만들어두는 것이 도움이 된다. 모르는 문제가 나왔을 때 '아, 불의타가 나왔네' 하고 3분 안에 바로 다른 문제로 넘어갈 수 있어야 한다. 이런 문제 하나가 나왔다고 해서 좌절하고 10분, 20분씩 이 문제를 잡고 있다간 시간 조절에 실패하고 다른 문제까지 전부 다 놓치는 수가 있다. 시간적인 것도 그렇지만 멘탈이 무너지면 까막눈이 되어 아는 문제까지 다 놓치는 경우가 비일비재하다.

마킹 시간을
남겨두자

얼마 전에 한 중학생이 시험 도중 마킹을 하지 못해 0점을 받았는데 부모가 소송을 건 일이 있었다. 마킹 문제로 인해 0점을 받은 건 정말 안타까운 일이지만, 많은 사람들이 기사 댓글에 '마킹을 위해 시간 조절하는 것도 시험의 일부'라고 적은 것이 기억에 남는다. 중학생 때부터 우리는 수많은 시험을 통해 문제를 푸는 것 못지않게 제대로 마킹하는 것의 중요성을 알고 있다. 사실 시간 조절 실패가 가장 억울한 경우지만 누구도 알아주지 않는 실패다. '난 시간 조절을 못해서 점수가 안 나온 것이지 사실 모든 문제를 푼 거나 다름없어' 하는 건 정신승리다. 차라리 몰라서 틀린 게 낫지, 아는데 시간이 부족해서 틀렸다고 하면 바보라는 소리만 듣는다.

적어도 마킹을 하는 20분 정도의 시간은 남겨두어야 한다. 시험지를 받자마자 이름과 개인정보(식별 가능한 정보)를 반드시 기재하고, 시험 20분 전에는 반드시 마킹을 시작하자.

시험 시간에서 마킹 시간을 빼고 남는 시간을 문제 개수로 나눠 한 문제당 몇 분을 투자할 수 있는지 알아보자. 1번 답을 풀고 다시 보는 성격이라면 이를 2로 나눠서 시간 배분을 어떻게 할 것인지 미리 계산해두어야 한다.

시험 당일에
보는 책

시험 당일에 모든 문제집을 자세히 통독하는 건 당연히 불가능하다. 앞서 시험 99일부터 책을 볼 때 테이프를 붙여두라고 했다. 시험 당일에는 빨간색 테이프를 붙여둔 부분을 먼저 보고, 시간이 남으면 파란색 테이프, 그러고도 시간이 남으면 노란색 테이프를 붙여둔 부분을 본다. 즉 가장 중요한 것에서 덜 중요한 것 순서로 본다.

시험 당일에는 시험 시간을 맞춰 시험장에 갈 수 있지만 긴장을 풀기 위해 미리 가서 상황에 익숙해지는 것도 좋다. 적어도 1~2시간 전에는 입장해서 자리에 앉아 책을 보는 게 도움이 될 것이다.

시험 볼 때의
옷차림

공부할 때 입었던 그 옷 그대로 입고 시험을 치르러 가는 게 좋다. 평소에 입고 있던 옷을 입는 건 낯선 환경에서 익숙한 분위기를 조성해 덜 긴장하도록 해줄 수 있다. 식사는 욕심내지 말고 평소에 먹었던 것 중에 가장 소화가 잘되고 위와 장이 편안했던 것으로 고른다.

시험 당일에는 가뜩이나 긴장되는데 시험을 치는 장소와 그곳에서 만나는 사람들까지도 모두 낯설기 때문에 더욱 긴장된다. 나는 매일 입었던 트레이닝복에 슬리퍼를 신고 시험을 치렀다. 점심은 어머니가 해준 음식이 가장 맛있고 익숙하고 소화도 잘되었기 때문에 특별히 어머니에게 부탁했다.

마지막
1분까지
최선을 다하라

머릿속이
백지로 변할 때

수없이 시뮬레이션해보고 준비해도 시험 당일에 긴장하면 공부한 것조차 기억 못 하는 백지상태가 될 수 있다. 평소에 긴장하지 않는 성격이라 하더라도 시험 당일에 어떨지는 아무도 알 수 없다. 절대로 만만하게 생각해서는 안 된다. 전혀 긴장하지 않고 들어간 수험장에서 갑자기 머릿속이 하얘지는 경험을 할 수도 있으니 말이다. 심지어 사소한 말 한마디에도 멘탈이 무너지고 감정적으로 치달을 수 있다.

이렇게 말하는 이유는 바로 내가 직접 겪었기 때문이다. 사법시험 2차는 나흘 동안 시험을 치르는데, 내내 똑같은 컨디션을 유지해야 하는 것이 관건이었다. 그런데 이 나흘 동안 머릿속이 하얘지는 경험을 무려 두 번이나 했다. 지금 생각해도 아찔하다.

시험을 보는 동안 나는 어머니와 함께 친척 언니 집에서 지내기로 했다. 1일 차에 헌법 시험을 치고 나왔는데, 예상했던 부분에서 시험 문제가 나왔고 내가 아는 모든 걸 다 쏟아부어 답안을 작성했다는 생각에 기분이 살짝 들떴다. 시험을 잘 봤냐는 어머니의 물음에 "시험은 잘 친 것 같고 이렇게만 하면 합격도 할 수 있을 것 같아. 그렇지만 아직 사흘이나 더 남았어. 내 감이 틀렸을 수도 있으니까 엄마도 그때까지는 내가 한 말, 아무에게도 하지 말아줘"라고 답했다. 어머니께선 내가 시험을 잘 친 것 같다고 하니 기분이 좋으셨던 것 같다.

그런데 다음 날 친척 언니가 내게 "시험은 잘 친 것 같아?"라고 물어봤다. 아직 잘 모르겠다고 하며 넘어가려고 하는 순간 어머니가 "시험 잘 친 것 같대"라고 이야기했는데 너무 아찔했다. 막상 결과는 안 좋을 수도 있는데 가볍게 말을 내뱉은 것 같은 어머니가 원망스러웠다. 그 순간 터져버린 감정이 도저히 컨트롤이 되지 않았고, 나 자신도 이 중요한 시기에 이렇게까지 감정에 휘말려도 되나 싶을 정도로 화를 냈다. 이후 어머니와 나는 감정이 격해져 심하게 말다툼했다. 시험 2시간 전 다들 집중해서 책을 보는 그 순간에도 나는 화가 나 글씨가 눈에 들어오지 않았다.

다음 날 상법 시험에서는 이런 일도 있었다. 컨디션도 나쁘지 않왔다. 시험지에는 총 네 문제가 있었는데 앞 장에 두 문제, 뒷장에 두 문제가 있었다. 상법 시험이 시작되어 문제지를 받아 들었는데 앞 장에 있는 두 문제 모두 전혀 모르는 내용이었다. 1번 문제를 봤을 때는 그러려니 싶었는데 2번 문제도 전혀 감이 안 잡히니 세상이 무너진 느낌이 들었다.

2시간 동안 치는 시험이라 한 문제당 각 30분을 배분하고, 30분도 여유롭지 못해 문제를 다 풀지 못할 때를 대비해서 글씨를 빨리 쓰는 연습도 해왔는데 도저히 써지질 않았다. 그 소중한 30분 동안 단 한 글자도 쓰지 못했다. 공부할 때도 단 한 번도 해보지 않았던 그냥 짐을 싸서 나가는 게 맞지 않나 하는 생각도 했다. 빨리 짐을 싸러 나가려고 손을 꼼지락거리고 엉덩이를 들썩거리며 주변의 눈치를 보기도 했다.

모든 걸 포기하고 싶었던 그때, 포기할 땐 포기하더라도 문제는 다 읽어보고 그만둬야겠다고 생각했다. 그제야 뒷장을 펼쳐서 3번, 4번 문제를 읽어봤다. 너무 놀랐다. 뒷장의 문제들은 다 아는 것으로 답을 써 내려갈 수 있는 내용이었다. 1, 2번을 못 쓰면 어차피 탈락이겠지만 적어도 3, 4번은 아는 내용이니 그거라도 적어야겠다고 생각했다. 잘 아는 내용이라 빠르게 써 내려갔고 시간이 남아서 1, 2번을 봤는데 그제야 긴장이 풀렸는지 1, 2번의 내용이 눈에 보이고 답이 떠오르기 시작했다. 한번 머리가 트이니 전혀 보이지 않았던 쟁점들까지도 하나씩 보이기 시작했다.

30분을 허비하고 포기까지 생각했던 과목은 결국 가장 높은 점
수로 합격했다. 만약 그때 포기했다면 얼마나 후회했을까? 시험 당
일에는 그 무엇보다 순간의 감정을 이겨내는 침착함이 필요하다.

시험을 치르고
나왔을 때

　　　　　　　호랑이에게 물려가도 정신만 차리면 산다
는 말처럼 수험장에서도 평소보다 최소 몇 배의 집중력으로 시험에
임해야 한다. 자신이 어떤 문제에 어떤 답을 썼는지 명확하게 복기
할 수 있는 시험이 있고, 수험장에서 뭘 썼는지 아무 기억도 나지 않
는 시험이 있다. 전자는 합격할 확률이 높고, 후자는 떨어질 확률이
높다. 만일 시험 문제에 끌려가는 게 아니라 주도적으로 풀었다면
시험이 끝난 후 어떤 문제에 어떤 답을 골랐는지가 술술 기억난다.
그러면 시험에 붙었다고 생각해도 좋다. 그런데 친구들이 어떤 답을
골랐느냐며 묻는데 정신이 하나도 없어 기억나지 않는다면 아쉽지
만 그해에는 떨어질 확률이 높다.

시험을 치는 당일은 그 어떤 날보다도 머리가 맑고 컨디션이 좋
아야 한다. 나의 집중력을 방해할 만한 어느 요소도 배제해야 한다.
환경을 전부 바꿀 수는 없지만 적어도 내가 선택할 수 있는 것 중에
서는 위험 요소를 모두 배제하는 게 좋다.

게으름에 대한 보복은 두 가지가 있다. 하나는 자신의 실패
요, 하나는 네가 하지 않은 일을 한 옆 사람의 성공이다.

_미상

4년 전에는 죽기살기로 했어요. 졌어요. 지금은 죽기로 했어
요. 이겼어요. 이게 답입니다.

_ 김재범 선수(2012년 런던 올림픽 금메달리스트)

세상의 중요한 업적 중 대부분은, 희망이 보이지 않는 상황
에서도 끊임없이 도전한 사람들이 이룬 것이다.

_데일 카네기(Dale Carnegie)

시험이라는
'피, 땀, 눈물'

●●

지금으로부터 약 10년 전, 나는 사법시험에 합격했고 지금까지 쭉 변호사 생활을 해오고 있다. 사법시험에 합격하고 나면 공부는 끝일 줄 알았지만 법의 제정과 개정을 끊임없이 공부하고 있고 사회 현상에 따라 법이 어떻게 적용되는지도 예의주시하고 있다. 그때는 시험 후에도 이렇게 공부해야 하는지 몰랐지만 시간이 꽤 흐른 지금은 이게 사람이 세상을 사는 당연한 이치임을 받아들이고 있다. 그리고 수험생 시절 동안 공부하면서 생긴 '합격 마인드'는 지금의 공부를 꾸준히 하는 데 도움이 되고 있다. 그리고 사법시험을 공부할 때 봤던 책은 내게 동기부여를 해주는 하나의 동력이어서 10년이 지난 지금도 일하면서 계속 찾아보는 책 중 하나다.

인생에 한 번 치열하게 공부했던 경험과 지식은 평생 내가 먹고

사는 데 큰 도움이 되는 자산이라는 생각이 든다. 사법시험은 내게 변호사라는 타이틀만 준 것이 아니다. 사법시험을 공부하면서 법과 사회에 대해 알게 되었으며, 이를 바탕으로 여러 매체에 출연해 도움을 줄 수 있는 사람이 되었다. 그리고 영광스럽게도 누군가의 꿈을 응원하고 돕는 책을 쓸 수 있는 작가로서의 타이틀을 주었다. 나는 이 성공의 경험을 바탕으로 계속 발전하고 노력해가는 삶을 살아가고 싶다. 앞으로도 변호사 타이틀에서 한 단계 업그레이드될 수 있는 공부를 하려고 계획 중이다.

시험이라는 말은 단 두 글자에 지나지 않지만 그 안에는 수많은 시간과 노력과 땀과 눈물이 담겨 있다. 유명한 노래 제목처럼 '피, 땀, 눈물'이 모두 들어가 있다. 얼마나 고생했는지, 얼마나 힘들었는지, 어떻게 극복했는지, 또 극복하고 나서도 다시 어떻게 좌절했는지 그 우여곡절은 오직 나만이 안다. 주변에서 열심히 도와줬을 수도 있지만 그 시간을 오롯이 견딘 것은 오로지 나의 몫이다.

이 책을 읽는 많은 분이 지금 그 과정에 있으리라 생각한다. 쉽지 않은 길을 걷고 있을 것이다. 하지만 우리는 지금 원하는 것이 있고, 원하는 것을 얻으려면 가시밭길은 어쩔 수 없다.

당신은 생각보다 더 잘 헤쳐나갈 수 있을 것이다. 그 길의 끝에서 만나 함께 웃을 그날이 오기를 소망한다. 꼭 합격하시기를!

공부 의지를 자극하는 문장들

- **시간은 누구에게나 공평하다. 그러나 그 시간의 농도는 다르다.**

  하루 24시간은 모든 사람에게 주어져 있다. 하지만 시간을 어떻게 쓰는지에 따라 해낼 수 있는 일은 천차만별이다. 정말로 최선을 다해 1초라도 낭비 없이 쓴다면 그 시간은 결코 당신을 배신하지 않을 것이다.

- **인생은 곱셈이다. 나 자신이 0이라면 기회가 와도 소용없다.**

  아무리 좋은 기회가 와도 자신이 준비가 되어 있지 않는 상황이라면 그 기회를 잡을 수 없다. 기회는 언제 올지 모르니 꾸준히 공부하며 준비하라.

- **부족한 것은 시간이 아니라 의지다.**

  "시간이 없어서 못했다"라고 이야기하기 전에 가슴에 손을 얹고 생각해보라. 진짜 시간이 없어서 공부를 못한 건지, 하기 싫어서 핑계를 대는 건 아닌지.

- **합격하는 사람은 울면서 공부한다.**

  불합격하는 사람은 힘들 때 그냥 운다. 합격하는 사람은 힘들 때 울면서 공부한다.

- **망설이기보다는 불완전하게 시작하라. 그것이 한걸음 앞서 가는 방법이다.**

  더욱 완벽한 상태에서 시작하려고 하다간 영원히 제자리에 머물게 된다. 주저하지 말고 남보다 먼저 시작하라. 그러면 더 빠르게 합격의 길이 보인다.

- **성공은 매일 부단하게 반복된 작은 노력의 합산이다.**

  합격은 당신이 집중하는 그 1초, 1분, 1시간이 모여서 완성된다.

- **너의 나태함을 슬럼프라고 착각하지 마라.**

  하기 싫은 마음을 슬럼프라고 포장해서 회피하지 말라. 그 나태함까지 엉덩이로 깔고 앉아 공부하라.

- **인생에서 가장 슬픈 세 가지 말: '할 수도 있었는데', '했어야 했는데', '해야만 했는데'**

  과거를 후회하는 것은 아무 의미가 없다. 모든 게 지나고 나서 후회하는 일이 없도록 이 순간에 최선을 다하라.

사법시험 1년 스케줄 예시

1월	2월	3월
☑ 민법 1회독		
☑ 기본서 강의 취사선택 하여 듣기	☑ 민법 1회독	
☑ 기출문제· 아웃풋 스터디 시작	☑ 양을 늘리는 단권화 시작	☑ 헌법 1회독
☑ 이해 위주 공부		

5개월 1회독

7월	8월	9월
☑ 민법 2회독		
☑ 슬럼프 관리	☑ 헌법 2회독	☑ 형법 2회독

4개월 2회독

▶ 이 스케줄은 예시입니다. 전반적인 공부 흐름을 보여드리는 용도이오니
각자 시험 과목에 맞게 커스터마이징하는 작업을 거치기를 권합니다.

4월	5월	6월
☑ 헌법 1회독 ☑ 형법 1회독	☑ 형법 1회독 ☑ 아웃풋 스터디 종료	☑ 민법 2회독 ☑ 모의고사 문제풀이 시작 ☑ 생활 스터디 시작 ☑ 본격적인 암기 시작

10월	11월	12월
☑ 민법 3회독 ☑ 양을 줄이는 단권화 시작 ☑ 모의고사 주말 스터디 시작 ☑ 번아웃 관리	☑ 형법 3회독 ☑ 헌법 3회독	☑ 민법 4회독 ☑ 형법 4회독 ☑ 헌법 4회독 ☑ 암기 위주 공부, 반복 학습 ☑ 시험 당일 루틴 체득하기

2개월 ◀ 3회독   1개월 ◀ 4회독

나는 1년 안에 무조건 합격한다

초판 1쇄 발행 · 2023년 12월 8일
초판 2쇄 발행 · 2023년 12월 22일

지은이 · 박영주
발행인 · 이종원
발행처 · (주)도서출판 길벗
브랜드 · 더퀘스트
주소 · 서울시 마포구 월드컵로 10길 56(서교동)
대표전화 · 02)332 − 0931 | **팩스** · 02)322 − 0586
출판사 등록일 · 1990년 12월 24일
홈페이지 · www.gilbut.co.kr | **이메일** · gilbut@gilbut.co.kr

기획 및 책임편집 · 오수영(cookie@gilbut.co.kr), 유예진, 송은경 | **제작** · 이준호, 손일순, 이진혁
마케팅 · 정경원, 김진영, 최명주, 류효정 | **영업관리** · 김명자 | **독자지원** · 윤정아

디자인 · [★]규 | **교정교열** · 김순영
CTP 출력 및 인쇄 · 금강인쇄 | **제본** · 금강인쇄

©박영주, 2023
ISBN 979 -11- 407-0746-1 (03190)
(길벗 도서번호 090239)

정가 18,000원

독자의 1초까지 아껴주는 길벗출판사

(주)도서출판 길벗 | IT교육서, IT단행본, 경제경영서, 어학&실용서, 인문교양서, 자녀교육서 www.gilbut.co.kr
길벗스쿨 | 국어학습, 수학학습, 어린이교양, 주니어 어학학습, 학습단행본 www.gilbutschool.co.kr